Andreas Kraus   Erding
Stadt mit vielen Gesichtern

Bayerische Städtebilder

Altbayern

Franken

Schwaben

herausgegeben von
Konrad Ackermann und Manfred Pix

Andreas Kraus
Erding
Stadt mit vielen Gesichtern

Deutscher Sparkassen Verlag

Die Deutsche Bibliothek – CIP-Einheitsaufnahme

Kraus, Andreas:
Erding : Stadt mit vielen Gesichtern / Andreas Kraus. [Hrsg.: Konrad Ackermann und Manfred Pix im Auftr. des Bayerischen Sparkassen- und Giroverbandes]. – Stuttgart : Dt. Sparkassenverl., 1997
(Bayerische Städtebilder : Altbayern)
ISBN 3-09-303847-2

Herausgeber:
Konrad Ackermann und Manfred Pix
im Auftrag des Bayerischen Sparkassen- und Giroverbandes

Projektleitung und Redaktion:
Konrad Ackermann und Ingo Krüger

Lektorat: Wilfried Sehm
Herstellung: Karin Dechow
Satz und Reproduktion: Utesch GmbH, Hamburg
Druck und Verarbeitung: Chr. Scheufele, Stuttgart
Papier: 150 g/m² BVS matt, chlorfrei gebleicht

© Kreis- und Stadtsparkasse Erding, 1997

Verlag:
Deutscher Sparkassen Verlag GmbH, Stuttgart
ISBN 3-09-303847-2

Inhalt

Geleitwort	6
Vorwort der Sparkasse	7
Vorwort des Autors	9
Naturraum und frühe Siedlung	13
Das Erdinger Land und seine Herrschaftsträger	19
Das Werden einer Stadt	32
Die vielen Gesichter einer Stadt	43
Erdings überörtliche Bedeutung (1250 – 1800)	54
Die Stadt als Schicksalsgemeinschaft (1250 – 1800)	69
Wandlungen einer Umbruchzeit (1800 – 1914)	76
Katastrophenjahre (1914 – 1945)	93
Neubeginn und Aufbruch (1945 – 1985)	106
Ausgewählte Literatur zur Stadtgeschichte	123
Bildnachweis	125
Der Autor	126

Geleitwort

Das Mittelzentrum Erding hat seit dem Bau und der Eröffnung des Großflughafens München II vor seinen Toren einen ungeahnten Aufschwung erlebt und zählt heute zu den am schnellsten wachsenden Städten in Bayern, was grundlegende Veränderungen in unserem Leben bewirkte.

Und dennoch hat sich die 770 Jahre alte Stadt ihr unverwechselbares historisches Gesicht bewahrt und ist ein überschaubares und bürgernahes Gemeinwesen geblieben.

Aber nicht nur Bürgernähe, sondern auch Bürgersinn haben unsere Stadt geprägt, die bereits vor 200 Jahren von Lorenz v. Westenrieder und anderen Reiseschriftstellern für ihre zahlreichen karitativen Stiftungen gerühmt wurde, die in fünf Jahrhunderten durch das soziale Denken und Fühlen wohltätiger Bürgerinnen und Bürger entstanden, zumeist heute noch bestehen und durch ihre praktische Nächstenliebe ein Beispiel geben, das uns Erdinger alle mit Stolz, echtem Bürgerstolz erfüllt.

Dieser geschichtliche Beitrag, verfaßt von Herrn Professor Dr. Andreas Kraus, einem Sohn unserer Stadt, und veröffentlicht in den „Bayerischen Städtebildern", soll nicht zuletzt den zahlreichen Neubürgern aus nah und fern dazu dienen, mit der über 1200jährigen (überlieferten) Geschichte des Erdinger Landes vertraut zu werden. Unsere Erdinger Heimat ist tief wie nur wenige andere Landstriche in Bayern von der Kultur, Tradition und Geschichte der altbayerischen Menschen in Stadt und Land geprägt, was kommende Generationen verpflichtet, am Erbe der Vergangenheit unbeirrt festzuhalten.

Herrn Prof. Dr. Kraus, dem Bayerischen Sparkassen- und Giroverband, dem Deutschen Sparkassen Verlag und zu guter Letzt der Kreis- und Stadtsparkasse Erding, mittlerweile 171 Jahre bestehend, gilt unser herzlicher Dank für ihre werten Bemühungen, durch die unsere Stadt in den „Bayerischen Städtebildern" den ihr gebührenden Platz eingenommen hat.

Erding, im November 1997

Karl-Heinz Bauernfeind
1. Bürgermeister

Vorwort der Kreis- und Stadtsparkasse Erding

Im Alten Rathaus, Erding, Schrannenplatz 1, einer historischen Adresse, wurde am 2. Januar 1826 die Städtische Sparkasse Erding als zweite Sparkasse in Oberbayern eröffnet.

Die wirtschaftliche und soziale Entwicklung unseres Raumes bestimmten Wachstum und Wirken der Sparkasse. In den zurückliegenden 171 Jahren hat es die Sparkasse stets verstanden, sich veränderten Bedingungen anzupassen und sich zum größten Kreditinstitut im Geschäftsgebiet zu entwickeln.

Mit diesem Buch „Erding. Stadt mit vielen Gesichtern" führt die bayerische Sparkassenorganisation die neue Schriftenreihe fort, die darauf abzielt, die Entwicklung bayerischer Städte von ihren Anfängen bis in die Gegenwart darzustellen.

Kultur braucht Partner. – Unter diesem Leitgedanken unseres Instituts war uns die Veröffentlichung dieses vorliegenden Buches ein großes Anliegen, da wir uns aufgrund unserer kommunalen Bindung eng mit Erding und seiner Geschichte verbunden fühlen.

Mit Herrn Professor Dr. Andreas Kraus, dem Neffen eines ehemaligen Bürgermeisters von Erding, haben wir als Autor einen profunden Kenner der Geschichte Erdings gewinnen können. Er versteht es, historische Ereignisse lebendig werden zu lassen. Ihm gilt unserer besonderer Dank. Auch allen anderen, die mitgewirkt haben, danken wir für die hilfreiche Unterstützung.

Mit großer Freude legen wir diese Publikation vor und widmen sie den Bürgerinnen und Bürgern unserer Stadt. Sie soll aber auch als Dank verstanden werden für das Vertrauen, das die Sparkasse im Verlauf ihrer Geschichte in der Bevölkerung gefunden hat. Wir wünschen viel Freude bei der Lektüre.

Erding, im November 1997

Kreis- und Stadtsparkasse Erding

Der Vorstand

Josef Birk
Vorsitzender des
Vorstandes

Dieter Bartke
Vorstandsmitglied

Gewidmet dem Andenken

meines Onkels Max Kraus,

Erster Bürgermeister von Erding in schwerer Zeit

Vorwort des Autors

Am Anfang der neuzeitlichen Geschichtsschreibung steht die Stadtgeschichte. Fast alle großen italienischen Humanisten, die für ganz Europa zum Vorbild wurden, haben die Geschichte ihrer Vaterstadt geschrieben; in Deutschland sind ihnen Konrad Celtis, der Erzhumanist, und der große bayerische Geschichtsschreiber Aventin nachgefolgt. In ihre Fußstapfen zu treten ist freilich ein Wagnis; dieser Anspruch wäre mit dem vorliegenden Band zu hoch gegriffen, das Vorhaben ist ungleich bescheidener.

Gleich ist indessen der tiefste Antrieb. Geschichtsschreiber früherer Zeiten, geleitet durch eine Philosophie voller Tiefsinn und mythischer Bildhaftigkeit, glaubten, im Ursprung der Dinge zugleich auch ihr Wesen zu kennen; das Wissen um den Anfang von Stämmen, Völkern und Nationen, von kleinen und von umfassenden Gemeinschaften also, müsse hinführen zur Erkenntnis ihrer Existenzbedingungen, und schon die Erkenntnis bedeute auch die bestmögliche Verwirklichung des einmal erteilten Auftrags. Wir glauben heute nicht mehr, daß schon das Wissen um das rechte Tun auch das Tun selbst nach sich ziehe, unser Bild vom Menschen ist sehr viel skeptischer geworden als jenes der alten Griechen. Warum dann bekümmern wir uns überhaupt noch um jene graue Vorzeit, aus der die Ordnungsformen der Gegenwart einst erwachsen sind? Warum sollten wir davon berichten, wie der lange Weg unserer Stadt durch die Jahrhunderte ausgesehen hat?

Die Antwort wird vielfältig sein, nicht jeder läßt sich durch dieselben Gefühle, Stimmungen und Gedanken bestimmen. Aber ich glaube, uns alle berührt zunächst und ganz intensiv die Einsicht, daß es dabei um ein wesentliches Stück unserer eigenen Existenz geht, die ja nicht erst beginnt mit unserer Geburt, sondern, da wir hineingeboren werden in eine bereits vorgeformte Welt, mit dieser Umwelt längst ihre eigene Prägung erfahren hat, unentrinnbar und wirksamer, als wir ahnen. Wem eine solche Welt Heimat geworden ist, weil er sie als bewahrend und schützend erlebt hat, als Stätte der Wärme und Geborgenheit, sollte sich von Zeit zu Zeit Rechenschaft darüber ablegen, wie dieser geliebte Ort zu dem geworden ist, was ihn jetzt auszeichnet. Eine

Stadt, die ja nicht so sehr der Natur noch nahe ist wie die ländliche Welt, sondern wo Plan und Absicht des Menschen von Beginn an das einzig Bestimmende sind, wird die Geschichte allein zu solcher Erkenntnis führen, die Geschichte, die von Triumph oder Leid, von Aufstieg und Verfall kündet, aber immer auch von den Mühen und Sorgen der Menschen vor uns, von ihrem ordnenden Willen und von ihrer Gestaltungskraft, von den Menschen vor uns, unseren Vorfahren, deren Werk diese so geformte Welt ist. Auch Volker Press weist auf den tieferen Sinn der Geschichte einer Stadt wie Erding hin, wenn er 1978 sagte: „Die Stadt Erding ist kein Konglomerat zufällig hingesetzter Häuser, sondern Produkt eines langen, komplizierten Prozesses – mit Höhepunkten und Tiefen, ein Spiegel menschlichen Zusammenlebens."

Schon vor Jahrzehnten, als ich mich der Geschichte als Beruf zuwandte, hatte ich die Absicht, einmal die Geschichte meiner Heimatstadt zu schreiben. Die vielfältigen Aufgaben, denen ich mich immer wieder gegenübersah, ließen die Ausführung nicht zu. Auch jetzt, da ich endlich, von den meisten der übernommenen Verpflichtungen befreit, dem Wunsch des Ersten Bürgermeisters meiner Vaterstadt folgend, an die Arbeit gehen konnte, ist es mir nicht möglich, ein umfassendes Geschichtswerk vorzulegen. Der Reichtum des Erdinger Stadtarchivs läßt sich nicht ohne zeitraubende Studien ausschöpfen, diese Zeit ist mir nicht mehr gegeben. Auch die Bestimmung, die Verlag und Herausgeber mit diesem Buch verbunden haben, läßt weites Ausgreifen nicht zu. Ich kann nur eine Zusammenfassung der bisherigen Forschungen zur Geschichte Erdings vorlegen, hoffe aber, daß es mir gelungen ist, die vielen Gesichter dieser Stadt, wie sie zum Ausdruck kommen in Kunst und Wissenschaft, im Wirtschaftsleben, im Bereich von Religion und Kirche, dem Leser nahezubringen.

Um so größer ist meine Dankesschuld den vielen Vorgängern gegenüber, denen meine Darstellung verpflichtet ist: Bernhard Zöpf (1856), Friedrich Herbig (1926), Hans Dachs (1961). Ungemeine Verdienste um die Geschichte der Stadt sind auch mit den Initiativen der Landräte Dr. Weinberger und Hans Zehetmair verbunden; die Sammelwerke mit größtenteils hervorragend dokumentierten Beiträgen zur Geschichte der Gemeinden des Landkreises und der Stadt Erding waren eine unschätzbare Fundgrube auch für meine Darstellung. Außerordentlich reich an Nachrichten ist auch der 1978 von der Stadt herausgegebene Chronikband, der zudem aufs höchste durch die zahlreichen, qualitätvollen Bildbeigaben beeindruckt. Besonders zu Dank verpflichtet weiß ich mich für die fundierten Beiträge von Volker Press in diesen Bänden; es war ihm nicht mehr vergönnt, die von ihm geplante umfassende Geschichte seiner Heimatstadt noch zu schreiben. Dankbar benützt habe ich auch die Geschichte Erdings von 1933 bis 1945 von Hans Niedermayer (1985).

Grundlegend zur Herrschaftsgeschichte des Erdinger Landes ist der eben erschienene Historische Atlas des Landgerichts Erding von meiner Schülerin Susanne Herleth-Krentz. Das Historische Ortsnamenbuch Erding von Cornelia Baumann, zu dem bereits Hans Dachs wichtige Vorarbeiten geleistet hat, bietet nicht nur die ältesten Formen der Ortsnamen des Landkreises, sondern stellt gleichzeitig auch den Wegweiser zu aufschlußreichen Urkundenstellen dar. Unschätzbar sind auch die in der Regel wissenschaftlich ausgezeichnet fundierten Aufsätze in der Schriftenreihe „Erdinger Land", die seit 1977 vom Kreisverein für Heimatschutz und Denkmalpflege Landkreis Erding, zuletzt unter der Federführung von Dietmar Schmitz, herausgegeben wird.

Zu danken habe ich schließlich für vielfältige Unterstützung. Hier nenne ich zuerst Herausgeber und Verlag, Herrn Direktor Manfred Pix, Herrn Professor Dr. Konrad Ackermann, Herrn Dr. Ingo Krüger und Herrn Wilfried Sehm. Meine Erdinger Verwandten haben mir die in den letzten Jahren erschienene Literatur zur Stadtgeschichte besorgt, der Leiter des Stadtarchivs Herr Markus Hiermer und der Leiter des Heimatmuseums Herr Paul Adelsberger leisteten mir jede Art von Hilfe. Zu danken habe ich auch Herrn Gerhard R. Koschade M. A., der mir ungemein sachkundig bei der Bildauswahl und der Zuordnung der Bilddokumente und mit inhaltlichen Hinweisen zur Seite stand.

Mit Bewunderung und Dankbarkeit für die großzügige Finanzierung des Bandes nenne ich die Kreis- und Stadtsparkasse Erding, besonders Herrn Vorstandsvorsitzenden Josef Birk, vor allem aber den Ersten Bürgermeister Herrn Karl-Heinz Bauernfeind, ohne dessen Drängen das Buch wohl nicht zustande gekommen wäre.

München, im Juli 1997   Andreas Kraus

Stadtzentrum mit
Schrannenplatz und
Landshuter Straße,
um 1980

Naturraum und frühe Siedlung

Der Raum des heutigen Mittelzentrums Erding mit seinen uralten Siedlungseinheiten ist von der Natur in besonderem Maße begünstigt, ein Ergebnis erdgeschichtlicher Entwicklung seit der letzten Eiszeit. Die Gletscherströme, die schließlich die Flüsse Inn und Isar gebildet haben, wälzten ungeheure Schottermassen in das Erdinger Land, auf der Schotterplatte, die sich am Moosrain entlang bis Reichenkirchen und Fraunberg hinzieht, setzte sich der kalkhaltige Lehmstaub ab, der „aus dem Moränenschutt ausgeblasen" wurde (Ringler), und führt zur Bildung einer mächtigen Lößschicht, die an Fruchtbarkeit jener am südlichen Donauufer um Straubing, im „Gäuboden", nicht nachsteht. Langengeisling und Altham gehören auch in diesen Bereich, der im Osten in das tertiäre Hügelland übergeht, im Westen in das Erdinger Moos, das vom Schmelzwasser der Nacheiszeit verursacht ist. Das Gebiet des alten Erding ist weniger fruchtbar; hier stellt eine Ablagerung aus dem sogenannten Alm, einem Kalktuff, den Untergrund dar, der auf dem Kiesschotter aufruht. Südlich davon kommt bereits die Moränenzone, ein Ergebnis der Ablagerung der vorletzten, der Riß-Eiszeit; die Täler der Sempt und der Strogen wurden damals gebildet, Pretzen und Aufhausen liegen noch im Bereich der Endmoränen.

Die Landschaft als Siedlungsgrundlage

Die menschliche Siedlung setzt in unserem Raum erst mit der Jungsteinzeit (ca. 3500–2000) voll ein, bevorzugt werden die vermutlich auch damals waldfreien fruchtbaren Lößböden auf den Schotterplatten und dem Alt-Moränengebiet. Der bayerische Geschichtsatlas verzeichnet Funde von Siedlungsspuren und Gräbern aus allen vorgeschichtlichen Epochen, vom Ausgang des 4. Jahrtausends bis zur Hallstattzeit (750–450), in offenbarer Siedlungskontinuität. Dicht gedrängt treten solche Zeugnisse besonders im Sempttal bis zur Mündung in die Isar auf. Eine reichdokumentierte Siedlung der sogenannten Altheimer Gruppe (ca. 2500 v. Chr.), benannt nach dem wichtigsten Fundort Altheim bei Landshut, Geräte, Waffen, Keramik, Knochen von Haustieren, Reste von Hütten fand man am Fuchsberg bei Altenerding und in Klettham, Hockergräber der Frühen Bronzezeit (ca. 1800) mit ihren Beigaben am Moosrain und bei Klettham. Auf relativ dichte Besiedlung lassen die Grabhügel der Hügelgräber-Bronzezeit (1600–1200) und die Brandgräber der Urnenfelderzeit (1200–700) schließen, mit zahlreichen zum Teil geradezu kostbaren Beigaben, die am Fuchsberg, bei Klettham, am Rotkreuzberg ausgegraben wurden, Urnengräber auch bei Langengeisling und Aufhausen. In der darauffolgenden Hallstattzeit (ca. 800–500), die ihren Namen von Hallstatt im Salzburgischen hat, werden die Zeugnisse spärlich, nur Einzelfunde können für eine Siedlung bei Klettham und Siglfing sprechen. Es scheint, daß um diese Zeit Bayern Durchgangsland einer Wanderbewegung war, die im pontischen Raum mit der

Freilichtmuseum des Landkreises mit Getreidekasten aus Niederneuching (1581)

Vertreibung der Kimmerier durch die Skythen ihren Anfang genommen hat. Zur Ruhe kommt das Land südlich der Donau erst wieder in der La-Tène-Zeit (500–15), einer Epoche lebendigen kulturellen Austauschs zwischen Ost und West, Süd und Nord, vom Mittelmeer bis zur Ostsee und an den Atlantik. Der Schweizer Fundort La Tène gab dieser keltischen Kultur, die bereits eine Stadtkultur war und die fast ganz Europa geprägt hat, den Namen. In Bayern war das beherrschende Zentrum das große Oppidum bei Manching, daneben gab es eine ganze Reihe weiterer Städte. Auch an der Sempt läßt sich intensive Besiedlung nachweisen, in Klettham, an der Haager Straße in Erding, dann in Siglfing und in Kehr, ein großer Keltenfriedhof kam in einer Kiesgrube bei Langengeisling zum Vorschein. Die für die Keltenzeit typischen sogenannten Viereckschanzen, eigentlich Kultstätten mit Resten von Opfertieren, finden sich aber nur im Holzland, östlich von Erding.

Diese bereits reichdokumentierte lebendige Kultur endet abrupt mit dem römischen Sommerfeldzug des Jahres 15 v. Chr., als die Stiefsöhne des Kaisers Augustus, Drusus und Tiberius, über das Etsch- und Eisacktal und über den Bodensee und die obere Donau ins Voralpenland einbrachen, die keltischen Oppida zerstörten und die junge Mannschaft als Hilfstruppe in ferne Kriege wegführten. Der keltische Fundstoff bricht jetzt völlig ab, nur noch vereinzelte Gräber kann man nachweisen; ein drastischer Bevölkerungsrückgang ist zu konstatieren. Die Kelten werden von Romanen abgelöst, vor allem von Veteranen, die im Voralpenland, der römischen Provinz Raetien, angesiedelt werden. Neben zahlreichen Gutshöfen kennt man noch Straßenstationen, auch Dörfer mit ihren Handwerkern; Städte gab es in unserem Raum nicht. In Langengeisling und Klettham fand man Gutshöfe, auf dem Gelände des Fliegerhorsts entdeckte man 1937 die Fundamente eines römischen Turmes, wohl einer Straßenstation, dabei einen Schatzfund mit 300 Silberdenaren, der die Datierung auf 235 n. Chr. erlaubt. Der letzte Fund in Klettham war eine Münze Kaiser Valentinians (364–375).

Das ist nun schon die Zeit, in der die römische Präsenz an der Sempt zu Ende geht. Seit ca. 250 rissen die Germaneneinfälle nicht mehr ab; besonders seit 380 plünderten die Juthungen und Alemannen das Alpenvorland systematisch aus, 401 drangen Vandalen und Alanen in Raetien ein. Zur gleichen Zeit wurde Italien selbst von den Westgoten bedroht, so daß der römische Magister Militum Stilicho, der Befehlshaber des römischen Heeres, alle römischen Truppen aus Raetien abzog. Die wenigen Grabfunde zeugen von einem katastrophalen Bevölkerungsrückgang seit dieser Jahrhundertwende, die Gutshöfe veröden, die Römerherrschaft bricht praktisch zusammen.

Was von der römischen Kultur im zentralen Bayern noch bleibt, sind im Grunde nur noch die Römerstraßen, technische Meisterwerke ihrer Zeit. Durch das Sempttal führte eine wichtige Trasse, deren Benutzung noch lange Zeit nach Ende der Römerherrschaft bezeugt ist; auf ihr, der Straße, die über Isinisca, den Schnittpunkt der Straßen von Augusta Vindelicum (Augsburg) nach Juvavum (Salzburg) und der Straße zwischen der Scharnitz und Regensburg – Isinisca wird identifiziert mit Helfendorf – durch den Ebersberger Forst und semptabwärts nach Jovisura (nahe dem späteren Landshut) führte, vorbei an Wörth, Pretzen, Altenerding, Langengeisling und Altham, wurde der Leichnam des hl. Emmeram, den der Herzogssohn Lantpert hatte martern und ermorden lassen, nach Regensburg in seine Gründung überführt, das Kloster, das nach ihm benannt wurde. Diese Straße war gewissermaßen die Lebensachse des Erdinger Landes, wobei offenbleiben mag, ob der Fluß, den die Straße begleitete, oder die Straße selbst die dafür entscheidende Bedeutung besaß.

Erding – ein bajuwarischer Zentralort?

Wie dicht der Raum der heutigen Stadt Erding in den Jahrhunderten seit der Mittleren Steinzeit besiedelt war, wissen wir nicht, selbst Vermutungen lassen sich kaum wagen. Sicher nachweisbar ist aber eine Fortdauer menschlicher Präsenz an immer den gleichen Orten, nämlich Klettham, Altenerding, Langengeisling und Altham. Um 500 n. Chr. erhalten wir plötzlich die Möglichkeit einer zuverlässigen, quantitativen Aussage durch das sensationelle Ergebnis der Auswertung eines germanischen Gräberfeldes in Altenerding-Klettham, das in ganz Bayern dem Umfang nach einmalig ist. Maßgeblichen Verdienst an der großen Ausgrabung von 1966 bis 1973 durch Walter Sage vom Bayerischen Landesamt für Denkmalpflege hatte der Kreisheimatpfleger Eugen Press. Eine erste, dann 1984 eine umfassende Publizierung der Befunde stammt vom Ausgräber. Es zeigte sich eine ungewöhnliche Belegungsdichte des Friedhofs; erfaßt wurden etwa 1500 Individuen in Gräbern, die Tausende von Grabbeigaben enthielten, viele davon außerordentlich kostbar. Insgesamt rechnet Sage mit einer Bestattungszahl von ca. 2200, das ist die größte bisher bekannte Zahl in Bayern.

Frauenschmuck aus bajuwarischen Gräbern des Altenerding-Kletthamer Reihengräberfelds, 6. Jahrhundert

Die Bedeutung des Gräberfeldes ergibt sich aus dem Charakter der gesamten Anlage. Es handelt sich um sogenannte Reihengräber, das heißt um Ansammlungen von orientierten, also nach Osten ausgerichteten Gräbern, die in Reihen angeordnet sind; den Toten wurden Schmuck, Waffen und andere Totengaben ins Grab gelegt, Keramik etwa und Münzen. Mit Hilfe dieser Beigaben lassen sich die Gräber datieren; Münzen tragen das Bild der jeweils herrschenden Kaiser, das Trachtzubehör war auch damals der wechselnden Mode unterworfen – wobei einzelne Elemente auch nach Trachtgebieten unterschiedliche Merkmale aufwiesen, die man unter Umständen auch auf ethnische Unterschiede zurückführen kann. Hervorzuheben ist aber grundsätzlich, daß die generelle Übereinstimmung in der Begräbnisform selbst die Zugehörigkeit zu einer germanischen Siedlungsgruppe dokumentiert. Unterschiede in den Formen von Schmuck, Waffen und Keramik von Mitteldeutschland bis ins Marchfeld östlich von Wien lassen schließlich innerhalb der germanischen Welt weitere Differenzierungen zu, die dann für die Charakterisierung der Funde zu Erding von besonderer Bedeutung sind. Bedeutsam ist auch die hohe Zahl der Gräber; sie zwingt zu dem Schluß, daß hier am Anfang der germanischen Siedlung bereits das Dorf stand, nicht, wie man früher annahm, der Einödhof. Bedeutsam ist vor allem der Name, der zwar erstmals 788 bezeugt ist, aber seiner Form nach auf ein weit höheres Alter hinweist. Germanische Ortsnamen mit der Endung -ing sind durchweg – abgesehen von sehr späten Bildungen – mit Personennamen zusammengesetzt. Auch Namen unterliegen der Mode; zur ältesten Schicht gehören Ortsnamen, die mit Personennamen zusammengesetzt sind, die in der Zeitstellung der ersten Bezeugung des Ortes nicht mehr gebräuchlich waren. Zu dieser Schicht gehört der Name der Siedlung an der Sempt, der mit dem Personennamen Ardeo zusammengesetzt ist, der 788 längst nicht mehr gebräuchlich war (im Gegensatz etwa zu Priso, nach dem Preising benannt ist). Bedeutsam ist schließlich auch die Lage, die man für den zum Friedhof gehörenden Ort annehmen muß, seine Nähe zur Römerstraße.

Die Untersuchung der Grabbeigaben führte den Ausgräber, nachdem er zunächst der Annahme einer möglichen „Zuwanderung" größerer germanischer Gruppen widersprochen hatte, 1978 zu der Feststellung: Es scheine sich „die alte wissenschaftliche Deutung des Bayernnamens als den von ‚Leuten aus Böhmen' in dem Sinne zu bestätigen", „daß zumindest eine, vielleicht auch mehrere für die Neubesiedlung des Sempttales entscheidende Gruppen tatsächlich aus dem weiten thüringisch-böhmisch-nordösterreichischen Raum zugewandert sind".

Name und Fundgut zwingen also zum gleichen Schluß. Der Name des nach 500 neu auftretenden Stammes der Bajuwaren gehört zur Gruppe jener germanischen Stammesnamen, die, wie jener der Ampsivarier oder Angrivarier, von denen Tacitus berichtet, die Herkunft aus einer Gegend oder einem Land bezeichnen. Bajuwaren wären demnach die Männer aus dem Lande Baja, Bajaheim, lateinisch Boiohemum, Böhmen also. Dazu paßt die Feststellung der Archäologen, daß die germanischen Gräber in Böhmen bald nach 500, in einem vermutlichen zweiten Ansatz um die Mitte des 6. Jahrhunderts abbrechen, während zur gleichen Zeit in Bayern Gräber mit gleichartigen Beigaben neu auftreten.

Der Zeitpunkt der Belegung der Gräber in Erding läßt sich genauer nicht bestimmen, das muß mit Nachdruck festgestellt werden; auf ein Jahrzehnt genau kann man Grabbeigaben nicht datieren, auch Münzbeigaben, der genaueste Datierungsfaktor, geben nur die Zeit an, nach welcher das Grab belegt wurde – das kann sehr viel später sein. Ein sicheres Datum ist auch die älteste Erwähnung des Bayernnamens in der Gotengeschichte des Jordanes, der sein Werk 552 abgeschlossen hatte – er könnte seine Angaben aus der verlorenen, um 526 entstandenen Gotengeschichte des Cassiodor entnommen haben, des Kanzlers des Gotenkönigs Theoderich. Für eine Datierung des ersten Auftretens des Bayernnamens müssen also die Archäologie und die spärlichen historischen Berichte zusammen ausgewertet werden.

Allein unter Hinweis auf sein Fundmaterial lehnt nun Sage sowohl eine geschlossene Einwanderung der Bayern – er spricht dabei von einer „Legende" – als eine Stammesbildung nach 500 ab. Er nimmt als Schlüsseldatum das Jahr 488 an, das Jahr, in welchem der damalige Beherrscher des Weströmischen Reiches Odoakar den Römern nördlich der Alpen die Rückkehr nach Italien nahelegte, da er sie vor den Germanen nicht mehr schützen könne. Sage übersieht dabei seine eigene Feststellung von einer „Zuwanderung" von Leuten aus Böhmen beziehungsweise seine Feststellung, daß die Leute aus Böhmen als „die ersten und zahlenmäßig stärksten Einwanderer" angesehen werden müßten. Er übersieht aber auch die Bedeutung des Namens. Er ist ein Herkunftsname, der Ankömmlingen gegeben wird. Diesen Namen gaben den Leuten aus Böhmen nicht die Römer, sondern andere Germanen, die schon in Bayern saßen. Sie waren nicht so zahlreich, daß sie die Leute aus Böhmen in ihre Gemeinschaft hätten eingliedern können – falls es eine solche überhaupt gab, kein Indiz spricht dafür. Der Hinweis von Thomas Fischer auf die germanischen Föderaten, die noch zur Römerzeit zum Schutz der Donaugrenze angesiedelt worden waren, besagt dasselbe: sie waren nicht sehr zahlreich. Fischer verschweigt das Zahlenverhältnis, ignoriert auch, daß die Germanen an der Donau von Günzburg bis Straubing nicht nur zum gleichen Trachtgebiet gehören wie jene in Böhmen, sondern auch Germanen in Thüringen, am oberen Main, in der Oberpfalz und sogar westlich davon. Auch zu Erding ist die Zahl der möglicherweise vor 500 zu datierenden Gräber minimal; es sind nicht mehr als sechs. Außerdem ist die Datierung zum Teil fehlerhaft, zum Teil wenigstens fragwürdig. Eine germanische Besiedlung des Raumes um Erding vor 500 läßt sich also keinesfalls beweisen, selbst der Nachweis von Einzelgräbern ist nicht überzeugend.

Beweiskräftig ist der Befund in und um Erding aber für eine in herrschaftlichem Rahmen durchgeführte, geschlossene Einwanderung einer neuen Schicht insofern, als die Siedlungen an den Römerstraßen und auf römischem Festungsgrund, wie Hans Dachs nachgewiesen hat, generell später in unmittelbarem Besitz der bajuwarischen Herzöge und später der deutschen Könige erscheinen. Solche Orte sind Erding selbst, Geisling, Ding, Neuching, Finsing. Diese sogenannte Fiskalsukzession, die Nachfolge der bajuwarischen Herzöge in den einstigen Besitz des römischen Staates, läßt sich aus den historischen Fakten ableiten, rechtlich begründet ist sie in der spätrömischen Regelung germanischer Ansiedlung im römischen Herrschaftsbereich von der unteren Donau bis zu Rhein, Maas und Seine. Allein in diesem Zusammenhang läßt sich an der Sempt die andernorts durchaus nachweisbare Kontinuität zwischen Antike und Mittelalter behaupten; wie Sage feststellt, ist eine romanisierte Vorbevölkerung kaum zu fassen, es gibt hier kaum vorgermanische Ortsnamen, auch die Flußnamen Sempt, Strogen, Dorfen, Isen deutet man germanisch. Vollends von einem Zusammenhang mit der keltischen Vorbevölkerung – von der Historiker bis 1800, dann wieder einzelne in unserer Zeit ausgehen – kann nicht die Rede sein. Offenbleiben muß, ob die Einwanderung jenes Teiles des späteren Stammes der Bayern, die dem neuen Stamm und dem Land den Namen gaben, noch unter dem Ostgotenkönig Theoderich, der von Ravenna aus das Weströmerreich beherrschte (493–525), oder erst unter dem Frankenkönig Theodebert (534–548) erfolgte. Für beide Datierungen gibt es gut Gründe.

Der Erdinger Grabungsbefund, auch wenn man seine Bedeutung nicht übertreiben darf, ist trotz aller Einwände auch in weiterer Hinsicht durchaus sensationell, er unterstreicht die alte Annahme einer germanischen Einwanderung starker Verbände aus Böhmen – ein Vorgang, der zahlreiche Parallelen in der Zeit der sogenannten Völkerwanderung aufweist –, er unterstreicht auch die jüngere Theorie einer späten Stammesbildung bei den Bajuwaren. Wir finden hier die auch andernorts, etwa von H. Dannheimer, beobachtete Vielfalt der Beigabenformen in den ältesten Gräbern. Erst später, um die Mitte des 6. Jahrhunderts, zeichnet sich allmählich ein einheitliches Trachtgebiet ab, das man als bajuwarisch bezeichnen kann. Vorher – und so vor allem in Erding – lassen sich zahlreiche Beigaben nachweisen, die auch außerhalb Bayerns vorkamen, bei den Alemannen, den Langobarden, den Goten. Der Schluß daraus ist einleuchtend: Zu einem einheitlichen Stamm wachsen die neuangekommenen Siedler im Land südlich der Donau erst im Laufe des 6. Jahrhunderts zusammen. Das ist der Vorgang, der auch bei den anderen germanischen Großstämmen zu beobachten ist, nur weit früher, bei den Goten, Franken, Sachsen und Alemannen. Dort spielte sich die Stammesbildung in der Regel als Zusammenfassung verschiedener Kleinstämme unter einer herrschaftlichen Spitze ab, einem König oder einem Herzog. Da im Raum zwischen Elbe und Theiß im Lauf des 5. und 6. Jahrhunderts eine ganze Reihe von Stämmen einfach aus der Geschichte verschwindet, zum Beispiel Markomannen, Quaden, Skiren, Heruler, ist die Annahme sicher nicht verfehlt, daß sie großenteils in den späteren Bajuwaren aufgegangen sind. Auch für diese Annahme finden sich im Erdinger Fundbild gute Argumente.

Aber auch dabei stellt die Situation in Erding keinen Ausnahmefall dar. Modellcharakter hat sie aber dennoch, nicht nur durch eine Art zentralörtlicher Stellung, die durch die ausnehmend starke Belegung des Gräberfeldes schon in der Frühphase der bayerischen Siedlung belegt wird; die Gräberfelder ringsum, auch wenn die Ortschaften in herzoglichem Besitz waren, wie Oberding, Grucking, Langengeisling, Notzing, oder gar als „Villae publicae", als herzogliche Gutshöfe, mit überörtlichen Aufgaben bezeugt sind, wie Niederding, Moosinning, Oberneuching, Finsing oder Langenpreising, sind weit spärlicher belegt. Gemeinsam ist diesen Orten und Erding aber die ausgedehnte Feldflur und ihr Charakter als Urpfarrei mit einem Kranz von Filialen. Aus dieser dichten Konzentration von Orten mit herzoglicher Präsenz ergibt sich für den Raum um Erding auch ein hohes Maß an politischer Bedeutung, die sich auch an Versammlungen wie jener von 750 in Deoingas (Niederding) ablesen läßt, die in Gegenwart Herzog Tassilos stattfand, oder gar der Synode von Neuching 772. Auch „in loco, qui dicitur Ardeoingas" fand zwischen 788 und 800 eine Gerichtssitzung im Beisein von königlichen Sendboten statt, von „missi dominici". Solche Vorgänge können vielerlei Ursachen haben; Voraussetzung dafür ist aber doch meist, daß den beteiligten Grafen auch ein Herrenhof in öffentlichem Besitz, ein „Locus" oder eine „Villa publica" – beide Begriffe werden bisweilen gleichwertig gebraucht – zur Verfügung stand. Daß die „Villa publica" – 891 so genannt – Erding selbst aber auch bereits in den Jahrzehnten der Agilolfingerzeit, von denen wir überhaupt nähere Kenntnis haben, eine überregionale Rolle gespielt habe, dafür gibt es kein historisches Zeugnis.

Das Erdinger Land und seine Herrschaftsträger

Die Stadt Erding in ihrem heutigen Umfang ist nicht nur zusammengewachsen aus zahlreichen ländlichen Ortschaften, ihre Peripherie ist nach wie vor geprägt von alten Gegebenheiten; lebendig sind vielfach auch noch die alten Traditionen. Kaum weniger eng war die Verbindung der Stadt mit dem Umland, zumal mit dem Ort, dem es Name und Wurzelgrund verdankt: Altenerding. Die enge Wechselwirkung in den Jahrhunderten seit der Gründung betraf nicht nur die wirtschaftlichen Verhältnisse, war doch das kirchliche Band noch weit dauerhafter. Auch die Dörfer, Altenerding und Langengeisling mit ihrem Gemeindebereich, haben ihre Geschichte; ihr Verlauf fällt indessen weniger ins Auge, vieles vollzieht sich im stillen, auch die Katastrophen. Der tägliche Fortgang der Arbeit in der Flur bestimmt den Rhythmus des Lebens, Geschichte ist hier vor allem begrenzt auf die Bewahrung der eigenen Identität durch die Jahrhunderte hin, jede Veränderung weckt Mißtrauen und Abwehr. So fällt aufs erste die scheinbar unerschütterliche Einförmigkeit der Lebensumstände in der Frühzeit bis zum großen Wandel der Verhältnisse nach 1800 auf; in der Tat vollzieht sich die Entwicklung, die doch auch zu konstatieren ist, äußerst langsam, fast unmerklich, und dauert die in der Frühzeit angelegte Grundordnung im wesentlichen bis 1800, ja bis 1848. Das entscheidende Kennzeichen der bäuerlichen Welt in diesen 1300 Jahren ist die Herrschaft; Dorf und Bauer sind nicht frei, sie haben einen Herrn, verschieden sind die einzelnen Ortschaften nur dank der Vielfalt der Herrschaftsträger, denen sie zugehören. Diese bestimmten allerdings nicht selten die Entwicklung, im Hinblick auf Dorfkultur, Gemeinsinn, Rang und Ansehen der Ortschaft. So sind denn auch die Dörfer im engsten Umkreis von Erding nicht ohne Geschichte, nur in den Grundzügen freilich läßt sie sich in unserem Zusammenhang verfolgen.

Formen und Ausbildung der Herrschaft

Die Herrschaftsformen, denen der ländliche Raum in Bayern südlich der Donau seine auffallende Prägung verdankt, waren nicht das ganze Mittelalter hindurch einheitlich. Der Prozeß der Territorialisierung der bislang weithin personengebundenen Herrschaft, der sich das ganze 12. und 13. Jahrhundert hindurch hinzieht und den in Bayern der Herrschaftsantritt der Wittelsbacher abschließt, bringt äußerst spürbare neue Entwicklungen; dann aber kommt im wesentlichen die Bewegung auf dem ländlichen Sektor wieder zur Ruhe. Es bilden sich die drei Konstanten herrschaftlicher Durchdringung des Raumes heraus, die herzogliche Zentralgewalt mit ihrem Einfluß auf allen Gebieten, vertreten im Land durch den Landrichter, und die örtlichen Teilgewalten, die im Adel und in den kirchlichen Grundherren in Erscheinung treten. Aus diesem Feld einförmiger Verhältnisse bricht nach 1200, als ein Teil des Territorialisierungsprozesses, plötzlich ein gänz-

Altenerdinger Gehöft (Zeichnung von Wilhelm von Diez, der gerne in Erding weilte, 1906)

lich neues Bewegungselement auf, die Stadt. Aber auch sie hat ihre Voraussetzungen in Raum und Zeit; die Geschichte des Umlands von Erding hat nicht nur Selbstzweck, sie ist auch die Vorgeschichte der Stadt.

Die alte Streitfrage, ob die bajuwarischen ing-Orte als Siedlung der Sippe des namengebenden Sippenältesten oder als Gründung durch einen namengebenden Ortsherrn anzusehen sind, ist zwar immer noch nicht völlig entschieden, aber gewichtige Indizien sprechen für die zweite Deutung. Da ist einmal die eindeutige Aussage der frühen Salzburger Quellen, welche die ländlichen Verhältnisse zur Zeit des Herzogs Theodebert, um 720, beleuchten. Theodebert schenkt ganze Dörfer an die Bischofskirche von Salzburg; diese Dörfer bestehen aus Höfen von freien und von unfreien Bauern (mansi ingenuiles – mansi serviles). Bei der Schenkung spielt also der Personenstand keine Rolle, Eigentümer der Höfe ist der Herzog. Dabei fällt übrigens die Veränderung der Formulierung in der jüngeren Quelle auf; hier sieht es so aus, als habe der Herzog nicht nur die Höfe, sondern auch die Inhaber mit verschenkt, ob frei oder unfrei. In der Tat gleicht sich die Rechtsstellung der freien und der unfreien Bauern im Salzburger Gebiet noch im Lauf der Agilolfingerzeit weitgehend einander an, wobei sich die Stellung der unfreien Bauern verbessert, die der freien aber jener der unfreien weitgehend ähnlich wird. Im Laufe des Mittelalters noch bildeten sich feste Formen für die bäuerlichen Rechts- und Besitzverhältnisse heraus. Einen Hof, der ein ganzer, halber (Hube) oder Viertelhof (Lehn) sein konnte, konnte man zu Erbrecht besitzen, zu Leibrecht oder auf Neustift; er konnte also an die Nachkommen vererbt werden oder fiel nach dem Tod des Inhabers an den Herrn zurück, der ihn dann wieder verstiften konnte, was bei der Neustift jederzeit möglich war. In all diesen Fällen waren besondere Abgaben zu entrichten, zusätzlich zu jenen Abgaben an Getreide, an Vieh und Eiern, die jährlich anfielen, wie bei einem Pachtverhältnis. Daß herrschaftliche Willkür im Verhältnis zu den bäuerlichen Grundholden weithin ausgeschlossen war, dafür sorgte, vor allem seit dem Herrschaftsantritt der Wittelsbacher, das Gericht des Landesherrn, das auch den Bauern schützte. Allerdings war auch in den Jahrhunderten seit 1180 gerade bei den Gütern, die der herzoglichen Urbarsverwaltung unterstanden, die weniger günstige Rechtsform des Leibrechts die Regel. Dieser Zustand ist nicht auf den Salzburger Raum beschränkt, in dem sich römische Ortsnamen häufen und noch lange Zeit römische Personennamen vorkommen, und wo mit der Fortdauer der römischen Agrarstruktur mit ihrer Bindung der „Colonen" an die Scholle zu rechnen ist. Wie uns Dachs gezeigt hat, ist in weiten Teilen ganz Bayerns der Herzog Rechtsnachfolger der römischen Kaiser, er übernimmt also auch das Obereigentum über das dem römischen Fiskus verfügbare Land. Das war vor allem die Ackerflur nahe den Römerstraßen. Der bayerische Uradel, der uns in fünf besonders herausgehobenen Sippenverbänden, den Huosi, Anniona, Hahhilinga, Drozza und Fagana – man vermutet in ihnen die führenden Geschlechter jener

Kleinstämme, die dann den Großstamm der Bayern gebildet haben –, gegenübertritt, dürfte an der Verteilung des Landes im Zug der Wanderbewegung nach 500 kräftig beteiligt gewesen sein. Jedenfalls verschenkte auch der Adel ganze Dörfer – mitsamt den Bauern. Da die Namen solcher Orte sogar auf den Namen der Tradenten zurückgehen, nimmt Dachs sicher zu Recht an, daß dieses Verhältnis uralte, auf die Wanderzeit zurückgehende Herrschaftsrechte widerspiegelt. Adelige Herrschaft entsteht aber auch aus der Übergabe von Grund und Boden, mitsamt den Inwohnern, durch herzogliche Belehnung. Dachs hat als erster auf diese Tatsache hingewiesen, die aus der herzoglichen Zustimmung zu adeligen Güterübertragungen an die Kirche hervorgeht. Greifbar werden diese Rechts- und Eigentumsverhältnisse also in der Regel nur bei der Beurkundung von Schenkungen an die Kirche, den dritten Herrschaftsträger im Land.

Im allgemeinen also unterstand der Bauer einem Herrn. Bauern mit freiem Eigen, die also persönlich frei waren und über ihren Besitz auch frei verfügen konnten, gab es im ganzen Gericht Erding im Jahre 1752 nur 223, das sind etwa 8 Prozent; im Umkreis von Erding waren es fünf. Zwei Höfe zu Eigenbesitz gab es in Siglfing, zwei in Aufhausen, einen Hof in Itzling. Bei solchen freien Bauern darf man aber annehmen, daß es sich um ehemalige Edelfreie handelt, also Adelige, die aufgrund politischer Verhältnisse, unter dem Druck mächtiger Nachbarn oder auch infolge wirtschaftlicher Veränderungen in das Verhältnis des freien Grundbesitzers der Frühzeit zurückgetreten sind. Im Erscheinungsbild des „Herrenbauern" spiegelt sich dieses Verhältnis aber oft bis in die jüngste Gegenwart. Freieigene Huben und Sölden, zwei in Klettham, je eine in Bergham und Altenerding, gehören aber in eine andere Kategorie.

Die frühe, bedeutende Stellung des Herzogs im Raum Erding wird gerade in den ältesten Zeugnissen sichtbar. Kaiser Arnulf verschenkt 891 seinen Besitz in Erding, der aus ehemaligem agilolfingischen Herzogsgut bestand, an die Domkirche von Salzburg. Das war etwa das halbe Dorf. Dazu kamen wohl noch Zubehörgüter in den Ortschaften, die mit dem Königsgut zu Erding in enger Verbindung standen. Dem Herzog gehörten ebenfalls noch Güter zu Aufhausen, das einmal 788 „Villa publica", Hofgut in öffentlicher Hand, genannt wird, und ein Hof in Pretzen, vermutlich auch die Mühle zu Singlding; das alles wurde dem Kloster Mondsee geschenkt. Grundbesitz des Herzogs, der in die älteste Zeit zurückreicht, läßt sich auch sonst nur noch mit dem Besitz der ältesten Klöster in Verbindung bringen; ein stringenter Nachweis ist allerdings nicht leicht zu führen. Generell erschöpft sich im hochmittelalterlichen Herzogtum Bayern das Herzogs- und Königsgut (das ja aus dem Besitz der Agilolfinger an die Karolinger und ihre Rechtsnachfolger überging) mit den großen Schenkungen Kaiser Heinrichs II. (1002–1021), der lange Zeit auch Herzog von Bayern war, vor allem an die Bamberger Kirche. Der unmittelbare Grundbesitz der wittelsbachischen Herzöge in den Dörfern um Erding rührt aus den Rechts- und Machtverhältnissen her, in welchen die Wittelsbacher in ihrer Zeit als Grafen gestanden hatten.

Daß die bayerischen Herzöge seit 1180 schließlich zusammen mit der Kirche die größten Grundherren im Landgericht Erding wurden, hängt also zur Hauptsache zusammen mit ihrer einstigen Position als eines der bedeutendsten Adelsgeschlechter. Auch die Adelsherrschaft im Hohen Mittelalter ist nur schwer zu lokalisieren, die Zeugnisse dafür sind zu unscharf, faßbar wird nicht der Besitz, sondern was veräußert wurde. Von der ältesten Adelsschicht glaubt Dachs in Aufhausen die Genealogie der Fagana als Herrschaftsträger ermitteln zu können. Sicher ist, daß nach Ausweis der

St. Ägidius, Eichenkofen (Zeichnung von Anton Beil)

außerordentlich reichen Grabbeigaben im Gräberfeld zu Klettham im Erding des 7. Jahrhunderts ein mächtiges Adelsgeschlecht residiert hat. Daß die Grabinventare der Folgezeit ärmlicher wurden, mag viele Gründe haben. Keinesfalls ist mit Walter Sage anzunehmen, daß der Herzog seit 600 und später diesen Adel verdrängt und wenigstens im Rang gemindert habe – das hätte er auch anderswo versucht, es hätte Revolution bedeutet, dafür war der Adel auch in der Frühzeit zu mächtig. Das vor den Wittelsbachern im heutigen Stadtgebiet besitzmächtigste Geschlecht war das der Grafen von Ebersberg, die 1045 ausstarben und zum Teil von den Wittelsbachern beerbt wurden. Sie statteten vor allem ihr Hauskloster Ebersberg reich aus, unter anderem mit Besitz zu Klettham und Langengeisling.

Deutlich greifbar wird dann die Adelsschicht der Epoche bis etwa 1200, Edelfreie als Ortsadelige. Sie mögen mit dem Adel der Frühzeit zusammenhängen oder in der Karolingerzeit durch Betrauung mit herrschaftlichen Ämtern zu Rang und Würden gekommen sein. Solche adelige Ortsherren, als Inhaber von Eigen oder herzoglichen Lehen, sind nachweisbar in Klettham, in Pretzen, Aufhausen, Siglfing, Langengeisling – nach dem sich nach 1070 ein Geschlecht von Edelfreien nannte, das 1275 zum letzten Mal genannt wird. Von diesen adeligen Herren stammen die wichtigsten Schenkungen an die Klöster im weiten Umkreis. Durch solche Schenkungen, aber auch im Zusammenhang mit ihrem Dienstherren, werden vor allem die zahlreichen Ministerialen seit ca. 1100 in den Dörfern um Erding erfaßbar, die als Dienstleute ihrer Herrn in Gericht und Verwaltung, vor allem auch in kriegerischer Funktion wirkten. Sie waren zunächst, wenigstens in ihrer Mehrzahl, unfreien Standes; doch bereits seit dem ausgehenden 13. Jahrhundert stellen sie den eigentlichen Ortsadel dar, unter günstigen Umständen konnten sie, wie die Gurren zu Haag und ihre Nachfolger, die Fraunberger, zu Inhabern reichsfreier Herrschaften werden. So sind sie auch nicht immer von Edelfreien zu unterscheiden, in deren Stand sie im großen und ganzen schließlich aufgegangen sind.

In und um Altenerding war das Geschlecht der Aerdinger begütert, das um 1420 erloschen ist, zuletzt in Kirchötting nachweisbar. Ortsadel vermutlich aus der Schicht herzoglicher oder in kirchlichen Diensten stehender Ministerialen finden wir, zum Teil bis ins 18. Jahrhundert hinein, in Langengeisling und Altham, dann in Eichenkofen, als Zubehörgut zum Edelsitz Thann. Besonders vielfältig ist das Erscheinungsbild in den der Pfarrei Altenerding zugeordneten Dörfern und Weilern. Hier saßen Ortsadelige in Bergham und Neuhausen; adeliger Besitz, als Pertinenz zur Hofmark Siglfing, war in Ammersdorf und Pretzen, zur Hofmark Riding gehörte Besitz in Singlding.

Die Rechtsform, in der Adelsbesitz an Grund und Boden seit dem ausgehenden 13. Jahrhundert vorkommt und durch die Herzöge von Oberbayern und Niederbayern in Verträgen mit ihren adeligen Landsassen auf dem Rittertag zu Schnaitbach

1302 und in der Ottonischen Handfeste von 1311 sanktioniert wurde, waren der Edelsitz und die Hofmark. Mit beiden Rechtsformen adeliger Herrschaft war der Verzicht des Herzogs auf Gerichtsrechte verbunden. Das galt für den Sitz, der seit 1557 die Anerkennung der Edelmannsfreiheit voraussetzte, mit der niederen Gerichtsbarkeit bis zur Dachtraufe des Sitzes, später sogar über einschichtige Güter; das galt für die Hofmarksgerechtigkeit, die sich über die gesamte Ausdehnung der örtlichen Grundherrschaft erstreckte, in der sogenannten geschlossenen Hofmark auch unter Einschluß fremder Untertanen, in der offenen nur über die eigenen. Das Hofmarksgericht war zuständig für die Zivilgerichtsbarkeit und die freiwillige Gerichtsbarkeit, auch Verwaltungsaufgaben gehörten in seinen Bereich. Über Strafgerichtsfälle durfte der Hofmarksrichter nur urteilen, wenn es sich nicht um die sogenannten drei Fälle handelte, Totschlag, Diebstahl und Notzucht, die zum Tode führten und die dem Gericht des Landrichters beziehungsweise des Viztums unterstanden. In der Regel hatten die Hofmarksherren juristisch gebildete Räte anzustellen. Für Berufungsfälle war nicht der Landrichter, sondern das Hofgericht zuständig, das auch für den Adeligen persönlich die zuständige Instanz darstellte. Herrschaftliche Rechtsformen, die über die Grundherrschaft hinausgingen, bildeten auch das Hochstift und Domkapitel Freising aus und das Reichskloster Tegernsee, auf deren Gütern Ministerialen nachzuweisen sind. Zu Freising gehörte auch das sogenannte Baramt, das im ersten Herzogsurbar von 1231/1234 erstmals erwähnt wird – weil der Herzog als Vogt über die Barleute Richter war und Einnahmen bezog –, das aber sicher uralte Verhältnisse widerspiegelt. Pankraz Fried sieht, sicher zu Recht, im Baramt des Domkapitels zu Freising eine Organisationsform ehemaliger Barschalken, wie sie besonders in den ältesten Salzburger Quellen auftreten, freie Bauern, die aber zu Dienstleistungen und Abgaben an ihren Herrn, den Herzog, verpflichtet waren und auch bei der Übereignung an die Kirche ihre alten Rechte bewahrt hatten. Eine parallele Erscheinung findet sich in der Propstei des Klosters St. Emmeram zu Vogtareuth am Inn, wo aber die Baramtsgüter geschlossen im Bereich eines ehemaligen königlichen Gutsbezirks lagen, eines „Locus". Die Bauern, die zum Baramt gehörten, besaßen, anders als die Mehrzahl der Bauern im Landgericht, ihre Güter zu Erbrecht, wie im Historischen Atlas von Erding nachzulesen ist, und konnten diese mit Zustimmung der Grundherrschaft veräußern. Die Versammlungen der Bauern, die zum Baramt gehörten, fanden zum Teil auch in der Kugelmühle zu Klettham statt. Als Abgaben an die Herrschaft sind erwähnt Hafer, Weizen und ein Geldzins. Die Sonderstellung des Baramts endete 1803.

Die Güter des Erdinger Baramts lagen weit übers Landgericht verstreut, Klettham selbst und Voggenöd gehörten dazu; das ist bei kirchlichem Besitz im Erdinger Land die Regel. Dieser Streubesitz summierte sich freilich, die Kirche war hier neben dem Herzog der größte Grundherr. Neben den Bischofskirchen zu Freising und Salzburg und den zu Freising gehörenden Kollegiatstiften waren auch zahlreiche Klöster und Stifte der Prälatenorden Inhaber von umfangreichen Grundherrschaften. Das war von Bedeutung auch für die Grafen von Wittelsbach, denen 1180 die Herzogswürde in Bayern übertragen wurde.

Die kirchliche Grundherrschaft stellte die eigentliche Basis der Wittelsbacher im Raum um Erding dar. Sie waren hier weder die Gaugrafen noch besaßen sie nennenswertes Allod direkt um Erding. Bezeugt sind die beiden Mühlen an der Sempt, die am Rand der späteren Stadt lagen, drei Anwesen in St. Paul und eine Mühle in Singlding. Ihre Machtstellung beruhte auf der Vogtei, das heißt der Gerichtsherrschaft über die Gotteshausleute. Bischof und Abt

Erding-St. Paul: Friedhofskirche und Zehenthof (Gouache von Franz Alois Euler von Chelpin, um 1825)

durften nämlich nach kirchlichem Recht keine Gerichtsbarkeit ausüben, die zur Vergießung von Blut hätte führen können. Die Grafen von Scheyern übten seit langem, seit ca. 1050, die Vogtei über das Hochstift Freising aus; ihnen unterstanden auch die Grundholden der Freisinger Klöster Weihenstephan und Neustift, der von ihnen gegründeten Hausklöster Scheyern und Indersdorf, seit 1116 auch über Ebersberg, seit 1179/80 über die Grundholden von Schäftlarn, seit 1281 auch über jene des Stifts Moosburg und des Freisinger Stifts Isen, die alle in den Pfarrbezirken Altenerding und Langengeisling Besitz hatten. Vögte waren die Wittelsbacher auch über den Besitz des Domkapitels Salzburg in Erding. Unmittelbar mit den Vogteirechten dürften die Ministerialen der Wittelsbacher zusammenhängen, die in Altham saßen und über die Grundholden von Freising und Weihenstephan schon vor 1180 zu Gericht saßen. Ein ähnlicher Zusammenhang ist bei Eichenkofen und Langengeisling zu vermuten. Ihre Ausstattung mit Grund und Boden muß nicht, wie man lesen kann, mit wittelsbachischem Allodialbesitz erfolgt sein; es war durchaus üblich, daß dafür Kirchengrund verwendet wurde.

1115 erhielten die Grafen von Scheyern, deren Machtbasis sich entlang der Flüsse Paar, Ilm und Abens bis an die Donau erstreckte, mit Kelheim als einem der wichtigsten Stützpunkte, und die bis in den Nordgau hinein, die spätere Oberpfalz, über reiches Allod und zahlreiche Kirchenvogteien geboten, auch noch das Amt des Pfalzgrafen von Bayern. Damit dürfte der entscheidende Ansatz zur nun folgenden Expansion in den Herrschaftsraum des

Bischofs von Freising verbunden gewesen sein, die zu einem langjährigen Ringen mit hochdramatischen Szenen führte wie den tätlichen Angriff auf Bischof Otto von Freising im Freisinger Dom mit der folgenden Reichsacht über die Pfalzgrafen und ihrer Belagerung zu Kelheim durch König Konrad III. Das neue Machtzentrum der Wittelsbacher war die Burg zu Wartenberg, von hier aus verdrängten die Pfalzgrafen nach und nach die Ministerialen des Bischofs von Freising oder gliederten sie ihrer eigenen Ministerialität ein, wie auch zahlreiche Edelfreie – ein Prozeß, den Günther Flohrschütz grundlegend erforscht hat. Gleichzeitig gelang es ihnen auch, den im Freisinger Raum zuständigen Amtsgrafen, den Grafen von Ottenburg, zum Rückzug aus diesem Raum zu bewegen. Dieser wich in den ererbten Vogteibesitz an der Altmühl aus und baute dort aus Eichstätter Kirchengut die Grafschaft Hirschberg auf. Ob der Ottenburger auch an Sempt und Isen zuständig war, nach dem Aussterben der Ebersberger 1045, oder doch die Grafen von Dießen-Andechs, die 1055 in der Nähe von Erding bezeugt sind – zweifelhaft in welcher Funktion –, muß offenbleiben; eine exakte Beweisführung mit überzeugender räumlicher Zuschreibung ist nicht möglich. Der Herting-Gau jedenfalls, von dem Herbig noch schreibt, als Grundlage einer Grafschaft um Erding, die auch F. Tyroller konstruiert, hatte nie existiert, er resultiert aus einem Lesefehler des Abtes Gottfried Bessel von Göttweig (1732). Im 12. Jahrhundert läßt sich kein anderer Machthaber im Raum um Erding mehr nachweisen als der Graf von Wittelsbach. Vor 1180 also ist den Wittelsbachern unter Ausnützung ihrer Rechte als Kirchenvögte und als Pfalzgrafen von Bayern der Abschluß jenes Prozesses geglückt, den man Territorialisierungsprozeß nennen kann, die Begründung eines geschlossenen Territoriums. Es gelang ihnen, durch Zusammenfassung aller Rechte aus Vogtei, Grundherrschaft, Leibherrschaft, vielleicht auch durch Usurpierung von Grafenrechten (wie das den Grafen von Bogen oder auch den Andechsern gelungen war), alle fremden Inhaber öffentlicher Rechte, Bischof, Grafen, Edelfreie aus ihrem Territorium auszuschließen und einen einheitlichen Herrschaftsraum zwischen dem Hochstift Freising und dem zu Freising gehörenden Stiftsgebiet Isen zu begründen. Zugute kam ihnen dabei zweifellos auch der Umstand, daß der bayerische Herzog aus dem Haus der Welfen zugleich Herzog von Sachsen war und seine Amtsgewalt in Bayern kaum und dann nur sporadisch zur Geltung brachte. Als die Wittelsbacher dann aber 1180 selbst Herzöge von Bayern wurden, veränderte sich ihre Position an der Sempt noch einmal. Unter Verschmelzung aller Herrschafts- und Besitzrechte, die sie hier als Vögte und Grafen innehatten, mit den aus der Rechtsstellung des Stammesherzogs fließenden Befugnissen, legten sie auch hier, wie im übrigen Bayern, den Grund zu dauerhafter fürstlicher Herrschaft.

Landgericht und Hofmarken

Das Werkzeug, das dem Herzog die widerspruchsfreie Beherrschung des gesamten ihm untergebenen Raumes ermöglichte, war eine um diese Zeit in Deutschland erst eben von den Wittelsbachern beispielhaft aufgebaute Institution, das Landgericht. Die Verwaltung der Herrschaftsräume durch ritterliche Ministerialen hatte, da sie nur mit dem alten Rechtsmittel der Belehnung an ihre Herren gebunden waren, zu ihrer Etablierung als Inhaber eigener Herrschaftsrechte geführt, zum Verlust der unmittelbaren Herrschaft des Herzogs, des Grafen oder Bischofs über Land und Leute. Die jetzt mit Gericht und Verwaltung beauftragten Richter oder Pfleger waren, nach römisch-byzantinischem Vorbild, das die Staufer in Italien kennengelernt hatten, Beamte, sie erhielten eine Entlohnung in Geld und Naturalien und waren ihrem Herrn direkt verantwortlich, wurden kontrolliert von einem übergeordneten Beamten, dem Vitztum, und waren bei Verfehlungen ohne weiteres absetzbar.

Die erste Nachricht von einem Schergenamt Ardingen, das dem Vitztum zu Landshut unterstellt war und das auf der Vogtei über den Besitz des Domkapitels Salzburg zu Altenerding beruhte, findet sich im ersten Wittelsbacher Urbar von ca. 1231/1234, der Aufzeichnung der Güter und Rechte des Herzogs. 1255 bereits ist das Landgericht Erding nachweisbar. Es war in Ämter und Obmannschaften gegliedert. Der Landrichter war mit dem Blutbann ausgestattet; ihm war die Hoch- und Blutgerichtsbarkeit im ganzen Bezirk übertragen, die niedere Gerichtsbarkeit in allen Ortschaften, die keinem Hofmarksherrn unterstanden. Das Gericht Erding war das größte Gericht Altbayerns. Zum Gericht gehörten acht Ämter, 170 Dörfer, 230 Einöden, 30 bis 33 Hofmarken, 19 bis 29 adelige Sitze, neun Schlösser, der Markt Wartenberg, zeitweise auch der Markt Dorfen. Namentlich bezeugte Landrichter kennen wir seit 1284; seit 1317 amtierte gleichzeitig ein Pfleger als Inhaber der Burghut für die Stadtburg des Herzogs, seit 1563 übte der Pfleger auch das Amt des Richters aus, seit 1586 bzw. 1679 war die praktische Wahrnehmung der Geschäfte, wobei er durch den Gerichtsschreiber unterstützt wurde, in der Hand eines juristisch gebildeten Pflegsverwalters bzw. Pflegskommissärs. Das Amt des Pflegers wurde dabei gewissermaßen zur Pfründe, zur reinen Sinekure, verliehen an verdiente adelige Beamte. Es genügt, einige Namen anzuführen, um den Rang dieser Position zu beleuchten; wir treffen einen hochrangigen Ministerialen der Wittelsbacher an aus der Familie der Zenger (1452), einen Frauenhofer (1453–1483), Nothaft (1478–1480), Rechberg (1485), Preysing (1487), Fraunberger zu Haag (1503), Krafft von Grünbach (1514). Der bekannteste Pflegskommissär, der dann 1799 auch der erste Landrichter neuerer Ordnung wurde, war Johann Nepomuk Freiherr von Widnmann (1781–1803); er hinterließ bedeutende Spuren in der Geschichte der Stadt Erding.

Im Gebiet der heutigen Stadt Erding war das Landgericht, ausgenommen die Hofmarken Altenerding-Siglfing und Aufhausen-Bergham, zuständig für das Niedergericht in allen Ortschaften. Statistische Erhebungen über den Umfang der gerichtlichen Zuständigkeit des Herzogs und der grundherrlichen Zugehörigkeit stammen aus den Jahren 1553 und 1752. Änderungen seit 1553 betrafen vor allem *Bergham*, das 1597 aus dem Amt Bergarn ausgegliedert und der Jurisdiktion des Hofmarksherrn von Aufhausen unterstellt wurde. Im übrigen war bis 1800 der herrschaftliche Zustand konstant, er wird dokumentiert in der Konskription von 1752. Damals unterstanden 23 Anwesen von *Altenerding* dem Landgericht, das Obereigentum für die einzelnen Hofstellen lag in diesem Teil des Ortes für eine Sölde beim Landesherrn, für die übrigen Anwesen beim Kastenamt Freising und bei den Klöstern Schäftlarn, Attel, Dießen und Ebersberg. Zwei Anwesen unterstanden der Hofmark Aufhausen, eine der Hofmark Siglfing, zwei gar der Hofmark Zinneberg im Gericht Schwaben. Die Masse der Höfe jedoch bildete mit 50 Anwesen von verschiedener Größe die den östlichen Teil des Ortes umfassende *Hofmark Altenerding*, die aus der Schenkung Kaiser Arnulfs von 891 an die Kirche von Salzburg hervorgegangen war. Fünf große Höfe, 40 Mansen – später hieß man sie Huben, das waren halbe Höfe – und zwei Mühlen umfaßte der damals übereignete Königshof. Die Salzburger Hofmark bildete das Zentrum für weitgestreuten Besitz des Salzburger Domkapitels. Zur Hofmark gehörte auch Ammersdorf mit vier Anwesen, das bis 1558 im Obereigentum des Domkapitels Salzburg gestanden hatte; zeitweise waren die dortigen Anwesen auch

Pertinenz zu Siglfing. Von *Klettham*, das mit 15 Anwesen dem Landgericht unterstand, gehörten vier Anwesen ebenfalls der Hofmark Altenerding, ebenfalls zwei Anwesen zur Hofmark Riding, eines unterstand dem Sitz Kirchötting. Das Obereigentum über die meist sehr kleinen Anwesen in Klettham lag beim Domkapitel Freising, beim Benediktinerkloster Rott am Inn, bei den Spitälern zu München und Erding und bei verschiedenen Gotteshäusern. Der Hofmark Altenerding unterstand auch ein Hof im entlegenen Hecken. 1606 erstreckte sich ihr Jurisdiktionsbereich auch auf *Neuhausen* mit fünf Anwesen, mit drei Huben und je einem Gut zu Pretzen und Straß, ebenso drei Huben zu Flanning und zwei Anwesen zu Wattendorf. Als Pertinenz zur Hofmark Altenerding gilt seit 1558 auch die *Hofmark Siglfing*. Diese Hofmark hatte ein wechselvolles Geschick. Das Salzburger Domkapitel besaß noch 1392 eine Hube, das sogenannte Herzogslehen; beides wurde 1498 mit der Hofmark Altenerding an die Grafen von Haag verkauft, das Herzogslehen wurde 1551 an Hansjakob von Gumppenberg verliehen, der es 1554 an Hansjakob Fugger weitergab. Dieser erwarb Siglfing ebenfalls als eigene Hofmark. Zu ihr gehörten 18 Anwesen und Pertinenzgüter zu Ammersdorf, Kiefing, Neuhausen, Pretzen und noch in einigen Ortschaften, die letzten Inhaber vor 1800 entstammten der bekannten bayerischen Beamtenfamilie Mandl. Seit dem Übergang an die Grafen von Haag hatte die Hofmark Altenerding zahlreiche namhafte Besitzer, so von 1558 bis 1673 die Fugger zu Kirchberg, 1730 die Grafen von Seinsheim zu Grünbach, um 1800 die Freiherren von Lerchenfeld und von Closen. 1632 brannten die Schweden das Schloß nieder. Die Kirche von Altenerding, die seit frühester Zeit wohl Pfarrkirche für den gesamten Umkreis war, wurde um die Mitte des 15. Jahrhunderts neu errichtet, der Neubau von 1724 gehört zu den größten Leistungen des Erdinger Baumeisters Anton Kogler, mit einer Innen-

Pfarrkirche Altenerding, Turm von Anton Kogler (1723)

ausstattung, von der die Schiffskanzel und die Plastiken von Christian Jorhan der Ältere zu den hervorragendsten Werken im gesamten Landgericht gehören. Als Eigenkirchen des Ortsadels, bald aber zugeordnet der Kirche des Zentralortes Altenerding, darf man auch die Filialkirche zu Itzling ansehen, deren Vitus-Patrozinium auch auf ein hohes Alter deutet, sicher auch die Kirchen zu Singlding und Pretzen.

Zur späteren Gemeinde Altenerding kam auch *Indorf*, das jahrhundertelang eine eigene Obmannschaft im Amt Bergarn bildete. Das Dorf zählte 1752 neun Anwesen; grundherrschaftlich unterstanden sie dem Kloster Ebersberg und St. Johann in Freising sowie verschiedenen Gotteshäusern, darunter auch der Pfarrkirche zu Altenerding. Die Martinskirche von Indorf ist ebenfalls Filiale von Altenerding. Zwei Anwesen in *Kiefing*, die 1553 dem Domkapitel zu Freising und dem Stift Berchtesgaden gehörten, erscheinen 1752 im Besitz der Fa-

St. Georg in Pretzen (Zeichnung von Anton Beil)

milie des späteren Pflegskommissärs Widnmann. Vier Anwesen zu *Graß* standen 1553 im Obereigentum des Stifts Moosburg und der Klöster Altenhohenau und Neustift. Moosburg erscheint 1752 nicht mehr in der Konskription, dafür das Spital zu Erding und die Kirche zu Altenerding. Die zuständige Obmannschaft war Indorf. 1553 mit neun Anwesen in der Obmannschaft Bergham, 1752 mit acht Anwesen in der Obmannschaft Eching lag das Kirchdorf *Itzling*. 1553 waren zwei Höfe, 1752 noch ein Hof im Obereigentum des Landesherrn, die übrigen Grundherren waren die Klöster Weihenstephan und St. Emmeram und das Gotteshaus Altenerding; 1553 war auch der Bischof von Regensburg noch in Itzling begütert. 1685 erhob der Kurfürst Max Emanuel seinen Zehenthof zu Itzling zu einem Edelmannssitz mit niederer Gerichtsbarkeit. Inhaber war damals A. F. von Pistorini, der kurfürstliche Administrator zu Haag, seit 1737 der Landschaftskanzler F. A. Freiherr von Unertl. Zum Sitz Itzling wurde auch der Zehnt zu Bergham und Werndlfing geschlagen. Die Kirche St. Vitus, Filiale von Altenerding, geht bis auf ca. 1315 zurück, von 1716 stammt der Neubau von Anton Kogler.

Zur späteren Gemeinde Altenerding gehörten auch das Anwesen *Ziegelstatt*, im Besitz dann der Stadt Erding, *Schollbach*, das schon im Freisinger Salbuch von 1053/1078 aufgeführt ist, der Weiler *Voggenöd* mit zwei Huben, der ebenfalls, bezeugt erstmals im 14. Jahrhundert, dem Domkapitel Freising gehörte und im Baramt verwaltet wurde, *Werndlfing* mit drei Huben, die 1157 von Heinrich von Wolfratshausen an Weihenstephan geschenkt wurden, während eine Hube 1246 an das Kloster Dießen gelangte, und *Neuhausen* mit drei Anwesen, das 1392 noch zum Domkapitel Salzburg gehörte, 1553 aber als Zubehör zur Hofmark Siglfing erscheint. Von *Klettham* gehörten zwei Anwesen zur Hofmark Siglfing, vier zur Hofmark Altenerding, zwei zur Hofmark Riding des Grafen Ladislaus von Haag, ein Anwesen zum Sitz Kirchötting; die Masse der Anwesen, 15 insgesamt, war der Obmannschaft Altenerding im Amt Bergarn zugeordnet. Ein wechselvolles Geschick hatte *Pretzen* mit seiner Georgskirche, einer Filiale der Pfarrei Altenerding. Es kam 1573 vorübergehend zum Landgericht Schwaben, Zugehörgüter gehörten aber seit 1558 zur Hofmark Siglfing; Besitz hatten dort das Kloster Mondsee, das Domkapitel Freising und das Domkapitel Salzburg. Ein Lehen war herzoglich.

Seinen Charakter als adelige Herrschaft hat im späteren Gemeindebereich allein *Aufhausen* behalten können. Das Schloß in Altenerding wurde nach der Zerstörung durch die Schweden nicht mehr aufgebaut; in Aufhausen überdauerte der Herrschaftssitz mehr als eineinhalb Jahrtausende, wenn Dachs recht hat, der im Zusammenhang der Villa publica zu Ufhusin, wo Herzog Tassilo vor 788 die Schenkung eines Gotahelms an Mondsee bestätigt, dort Angehörige der Genealogie der Fagana nachweisen will. Ein Herrenhof in Aufhausen ist dann auch um 1000 im Besitz des Benediktinerklosters Mondsee bezeugt; zum dortigen Hof gehörten drei Huben, dazu zwei Huben in Pretzen und vier in Wörth, mit zwei Mühlen. Aufhausen hatte von Anfang an den Charakter eines herzoglichen Lehens, wie die Bestätigung der Schenkung an Mondsee beweist. Diesen Charakter behielt es offenbar noch bis 1595, als der herzogliche Rat Christoph Schrenck von Notzing Aufhausen als herzogliches Lehen erhielt. 1596 bereits erscheint es als Allod, 1597 wurde der Sitz zur Hofmark erhoben. In den Jahrhunderten zuvor saßen dort Herren, die sich nach Aufhausen nannten; 1298 ist hier ein Wittelsbacher Ministeriale nachweisbar, dann residierten dort verschiedene Amtsleute. Sitz und Sedelhof, zu dem auch eine Hube gehörte, waren noch 1578 im herzoglichen Urbar verzeichnet. Die Steuerbeschreibung der geschlossenen Hofmark Aufhausen weist 1613 25 Pertinenzgüter in Aufhausen, Altenerding, Bergham und Pretzen sowie 13 einschichtige Güter unter anderem in Altenerding, Langengeisling und Singlding nach. Über die Tochter des Christoph Schrenck kam 1625 die Hofmark an H.W. von Eisenreich, weitere Inhaber entstammten den altadeligen Familien Armansperg, Egloffstein, Preysing und Spreti. Der Freiherr von Egloffstein vergrößerte das Schloß und baute die Schloßkapelle, 1817 verkaufte Graf Preysing Aufhausen an Ludwig von Auer, 1883 kam es an die Familie von Fröhlich, in deren Besitz es bis 1963 blieb.

1752, als Maximilian Graf Fugger von Kirchberg und Weißenhorn – der Hofmarksherr auch zu Altenerding und Siglfing – der Inhaber war, gehörten alle sieben Anwesen im engeren Hofmarksbereich den Hofmarksherren, von Altenerding zwei Anwesen, vier von Pretzen, eines von Singlding, dazu ein anderes von Langengeisling. 1600 kam auch die Mühle zu *Singlding* dazu. Zwei weitere Anwesen dieser Ortschaft unterstanden dem Landgericht, davon gehörte ein ganzer Hof dem

Schloß Aufhausen (Zeichnung von Anton Beil)

Domkapitel Freising – wahrscheinlich der Sitz des Wittelsbacher Ministerialen Konrad von Singling, der um die Mitte des 12. Jahrhunderts dort nachweisbar ist. Eine Sölde war Eigengut des Gotteshauses Singlding. Zwei Güter gehörten zur Hofmark Riding. Der Name Singldings war noch in unserem Jahrhundert verbunden mit dem Bartholomäusmarkt, der bei der Kirche St. Willibald und St. Walburg in Singlding abgehalten wurde und den Herzog Heinrich der Reiche von Landshut 1435 mit allen Privilegien den Bürgern zu Erding überlassen hatte.

Schon 827 wird *„Perchheim"* zum erstenmal genannt, im Zusammenhang mit einer Schenkung an Freising. Das Verzeichnis des Landgerichts von 1553 enthält 18 Anwesen. Damals waren Grundherren unter anderen das Stift Moosburg, die Klöster Dießen und Weihenstephan, das Stift Isen, einige Gotteshäuser und die Grafen von Haag. Die Obmannschaft Bergham wurde 1597 aufgelöst; seitdem gelangen Christoph Schrenck zahlreiche Erwerbungen, die Mühle in Singlding, Güter in Bergham und Altenerding. 1613 bereits gehörten 25 Pertinenz-

Hirtenhaus aus dem 17. Jahrhundert in Bergham

güter in Aufhausen selbst, in Altenerding, Bergham und Pretzen zu seiner Hofmark, dazu 13 einschichtige Güter im Umkreis. In der Konskription von 1752 erscheinen fast alle Anwesen, die dem Hofmarksrichter unterstanden, auch als Zinsgüter des Hofmarksherrn. Nur wenige Anwesen zinsten zum Kloster Weihenstephan und zum Stift Isen. Von Bergham gehörten allerdings auch ein Hof zur Hofmark Aufhausen, ein Anwesen zur Hofmark Fraunberg. Das bekannte Hüterhaus aus dem 17. Jahrhundert ist das Wahrzeichen von Bergham.

Der Raum um die spätere Stadt Erding wurde, wie sich gezeigt hat, zum größten Teil von Adelsherrschaften eingenommen; eine Ausnahme von Gewicht bildete aber *Langengeisling*, mit ca. 100 Anwesen die größte dieser Ortschaften. Davon stand zwar auch fast ein Drittel unter adeliger Herrschaft, 21 Anwesen gehörten 1752 zur Hofmark Grünbach, die seit 1544 bezeugt ist, drei Anwesen zur Hofmark der Schrenck zu Notzing, ein ganzer Hof zum Sitz Thann, einschichtige Güter zu den Hofmarken Aufhausen, Jettenstetten und Fraunberg. Aber die Masse der Güter unterstand dem Landgericht direkt, zugeordnet dem Amt Tittenkofen; das waren 1537 64 Anwesen, 1553 71, 1752 noch 66. Davon verzeichnet das Herzogsurbar von 1231/1234 einen Hof als unmittelbaren Herzogsbesitz, sonst nur Vogteiabgaben, denn alle anderen Anwesen standen in geistlichem Obereigentum. Schon um 900 sind die ersten Schenkungen an Freising vermerkt, 1021 folgen Schenkungen auch an Weihenstephan, und 1070/1080 wird die Mühle in Kehr an Tegernsee und ein Gut an Berchtesgaden geschenkt. Weitere Grundherren waren die Stifte St. Andrä und St. Veit zu Freising, St. Martin in Landshut, St. Kastulus in Moosburg, die Klöster St. Emmeram, Ebersberg, Weihenstephan, Scheyern, Indersdorf, Attel, St. Ulrich und Afra in Augsburg, das Angerkloster in München, neun Gotteshäuser im Umkreis, aber auch je ein Bürger von Erding und München. Auch das zur Pfarrei Langengeisling gehörende *Eichenkofen* unterstand, ausgenommen drei Anwesen, die zum Sitz Thann gehörten, mit 17 bzw. 21 Anwesen dem Landgericht. Zum landesherrlichen Kastenamt Landshut zinsten 1553 die Mühle und ein Anwesen, 1752 sieben; Grundherren waren auch das Domkapitel Freising und das Kloster Benediktbeuern, außerdem sechs Gotteshäuser der Umgebung. Im Zusammenhang mit der Schenkung an Benediktbeuern wird Eichenkofen auch 1052 erstmals genannt. Im ebenfalls zur Pfarrei Langengeisling gehörenden *Altham* wird bereits 790 ein Hof und die zum Hof gehörende Kirche an Freising übergeben, die Benediktbeurer Tradition weiß von einer Schenkung des Klostergründers Lantfried 742 an seine Gründung – woher auch das Patrozinium der Benediktskapelle rührt. Der Ort ist aber, wie der Name nahelegt, weitaus älter. Die Siedlung stammt, an der Römerstraße gelegen, vermutlich bereits aus vorgermanischer Zeit. Auch Altham unterstand zum größten Teil, mit sieben Anwesen, dem Landgericht; Grundherren waren Hochstift und Domkapitel Freising, St. Martin zu Landshut, Weihenstephan, 1553 auch noch Benediktbeuern und das Stift Moosburg. Zum Sitz Kirchötting gehörten vier Anwesen.

Die Bedeutung, welche der Pfarrei Langengeisling mit ihren beiden Filialkirchen zukommt, wird noch unterstrichen durch die bereits 1431 nachweisbare Schule, die 1609 erweitert werden mußte; 1806 hatte die Schule 56 Schüler. Die gotische Kirche St. Martin, als Pfarrkirche erstmals 1315 bezeugt, erhielt 1745 bis 1767 eine ansprechende Rokokoausstattung, Engelsfiguren stammen von Christian Jorhan dem Älteren. Patronatsherr der Kirche war der Kurfürst.

Die Physiognomie der Ortschaften um Erding hat sich, wie sich gezeigt hat, vom Mittelalter bis 1800 nur unwesentlich verändert; auch ein Wechsel der Herrschaft wirkte sich kaum spürbar aus, da Leistungen und Abgaben von alters her konstant waren, durch Verträge gesichert, durch das landes-

St. Martin in Langengeisling (Zeichnung von Anton Beil)

herrliche Aufsichtsrecht der Willkür der Dorfherren entzogen. Nur dadurch brachte das Jahr 1180 mit der Übergabe des Herzogtums Bayern an Otto von Wittelsbach und die durch die Kontinuität der Landesherrschaft durch die Jahrhunderte hin garantierte Stabilität der Verhältnisse einen ins Gewicht fallenden Einschnitt – in Schwaben und Franken, wo das alte Stammesherzogtum noch im Mittelalter erloschen war, fehlte es gerade daran; die Folge war unter anderem der Bauernkrieg von 1525. Eine wirklich einschneidende Veränderung brachte aber die Gründung der Stadt Erding; sie betraf sowohl die Landschaft als vor allem die bisherige Gesellschafts- und Wirtschaftsordnung, mit dem Bürger, der, anders als der Bauer, rechtlich frei war, mit der Stadt als Markt. Damit beginnt für das Erdinger Land ein völlig neues Kapitel.

Das Werden einer Stadt

Um 1200 gab es in Deutschland im allgemeinen Städte nur, soweit spätrömische Traditionen wirksam geblieben waren, in Bayern gehörten zu ihnen Regensburg, Passau und Salzburg, die alle gleichzeitig – und nicht zufällig – Bischofssitze geworden waren. Ihre Funktion war aber nicht ganz die einer antiken Stadt oder einer städtischen Kommune Italiens, wo die antiken Überlieferungen nie ganz verschüttet worden waren. Befestigte Siedlungen, wie sie auch nördlich der Alpen schon in der Vorzeit bestanden, kann man noch nicht als Städte ansprechen, am ehesten die keltischen „Oppida", wie Manching; sie haben aber keine Tradition begründet.

Die Gründung

Die Stadtgründungen erfolgten im Zuge einer allgemeinen Entwicklung am Ausgang des Hohen Mittelalters, die das Reichsgebiet später ergriff als Süd- und Westeuropa, die aber mit dem hier anzutreffenden wirtschaftlichen und sozialen Wandel aufs engste zusammenhängt, der deutlich erkennbaren Bevölkerungsvermehrung und dem Übergang von der Naturalwirtschaft zur Geldwirtschaft und dem damit verbundenen Aufschwung von Gewerbe und Handel. Die Markgrafen von Baden aus dem Geschlecht der Zähringer, mit ihrer Gründung Freiburg im Breisgau, die Staufer und die Welfen in Oberschwaben gingen mit systematischen Stadtgründungen voran. Auch in Bayern regten die gesteigerten Bedürfnisse kaufkräftiger Schichten die bisher allein im grundherrlichen Zusammenhang tätigen Handwerker an, ihre Produktion auszuweiten und die Produkte zu verbessern; sie strömten in die Städte und wurden selbständig, ihre rechtliche Situation paßte sich den neuen Gegebenheiten an.

Die kirchlichen Grundherren vor allem hatten gegen die ganze Landstriche erfassende Gründungswelle aus gutem Grund Protest eingelegt, in erster Linie gegen die königliche Stadtpolitik, denn es waren vor allem geistliche Grunduntertanen und Eigenleute, die sich die neuen Möglichkeiten zunutze machten. Trotz der 1220 in der „Confoederatio cum principibus ecclesiasticis" erfolgten Zusicherungen Friedrichs II. zum Schutz kirchlicher Rechte ließ sich die Entwicklung nicht aufhalten; auch die ländliche Verfassungsentwicklung unterlag einem radikalen Wandel. Es blieb den Grundherren nichts übrig, als der allgemeinen Tendenz mit Modifikationen der persönlichen Abhängigkeit zu begegnen, die sich an die wirtschaftlichen Möglichkeiten anpaßten und doch dem Anspruch der Grund- und Leibherren ihrerseits ebenfalls gerecht wurden. Der Übergang zur Geldwirtschaft war dafür die wichtigste Voraussetzung; er ermöglichte die Ablösung von Dienstverpflichtungen durch Zinszahlungen, die Umwandlung also persönlicher Dienste in eine Rente.

Dieser Vorgang lag im Interesse beider Gruppen. Er war ebenfalls durch die allgemeinen Voraussetzungen bedingt, nicht zuletzt von dem Bedürfnis nach Geldeinkünften auf der Seite der Herren, ihren Ansprüchen an einen gehobenen Lebensstil.

Erding um 1585
(Deckenmalerei von
Hans Donauer,
Antiquarium der
Münchner
Residenz)

Während die mit dem Obereigentum an Grund und Boden verbundenen Naturaleinkünfte auch weiterhin die Regel waren, eröffneten die Zölle und Geldzinsen, die den Stadtherren zukamen, gänzlich neue Möglichkeiten. Dazu kamen weitere Vorteile. Die Stadt als Verwaltungsmittelpunkt erfüllte ihre Aufgabe weit besser als eine einfache Burg, sie konnte umfangreiche Ämter beherbergen, der Markt erschloß das Umland, die damit verbundenen Zölle bedurften zu ihrer Einhebung keiner weiteren Organisation, sondern waren dem Pfleger oder dem Landrichter und seinen Beamten ohne weitere Mühe verfügbar. Vor allem aber hatte die Stadt zu ihrer Verteidigung keine Ritter mit ihren Knechten nötig, die durch Lehen belohnt werden wollten, sondern hatte in den Bürgern selbst bereits ihren wichtigsten Schutz. So haben wir bereits unter den ersten Wittelsbachern mit Sicherheit elf neue städtische Gemeinwesen. Am Anfang solcher Städte stand manchmal eine alte Burg als Herrschaftsmittelpunkt wie bei Kelheim, das sich dank seiner günstigen Lage sehr rasch zur Stadt entwickelt hat. Schon 1227 hören wir von „Cives". Hier wird die bereits existierende Siedlung Verwaltungsmittelpunkt, wie auch der alte Königshof zu Ingolstadt, der unter Otto II. Burg und städtische Befestigung erhalten hat. Übernahme und Ausbau älterer Mittelpunkte liegt vor unter anderen bei Reichenhall, Burghausen, Burglengenfeld, Cham, Deggendorf und Dingolfing, bei Vilshofen, bei Wasserburg, das der Mittelpunkt der Grafschaft Wasserburg war, oder bei Wolfratshausen, der Burg der Andechser. Andere Mittelpunkte von Landgerichten sind später wieder zurückgefallen in nahezu dörfliche Siedlungen, wie Wartenberg, die zeitweilige Residenz Ottos von Wittelsbach, oder Mering, wie Kallmünz oder Kranzberg, bescheidene Siedlungen im Schutz der Burg ohne städtischen Charakter, ohne Mauer und Markt. Aus wilder

Wurzel, das heißt auf jungfräulichem Boden, wenngleich in der Regel gleich neben alten Siedlungen, sind dann die planmäßig angelegten Städte Ludwigs des Kelheimers entstanden, an erster Stelle 1204 Landshut. Burg und Stadt sind hier gleichzeitig angelegt worden, zur Sicherung des Übergangs über die Isar wie zur Erschließung des Umlandes. Die Gunst der Lage an wichtigen Straßen ließ Landshut bereits unter Otto II. zur Residenzstadt werden. Ähnlich entstanden Straubing, Neuötting und Weilheim, alles planmäßige Gründungen durch Ludwig den Kelheimer oder Otto II., zur Sicherung von Straßen wie zur Aufnahme von Verwaltungsmittelpunkten, Urbarsämtern wie Landgerichten. Wichtigste Voraussetzung für die Entfaltung von neuen Siedlungen war das Verhältnis zu den Straßen, die Offenheit für den Handel. Im 13. Jahrhundert lag Bayern, abgesehen von Regensburg, aber immer noch im Schatten der großen Handelsmächte der Zeit. Die großen Handelsstraßen führten um das Territorium herum, sie ziehen den Lech abwärts, sie ziehen die Donau abwärts und damit aus dem Herzogtum hinaus. Die große Zeit der bayerischen Städte beginnt also erst zwei Jahrhunderte später.

Die Gründung Erdings gehört in eben diesen Zusammenhang, der Gründungswelle des 13. Jahrhunderts; zeitlich gesehen steht sie in der Mitte einer langen Reihe. Den Beginn macht die Stadt der Wittelsbacher an der Donau, Kelheim (1181), dann folgen Landshut (1204), Cham (1210), Straubing (1218), Landau (1224); auf 1236 wird die Gründung Weilheims datiert, auch Dingolfing wurde bereits von Herzog Otto II. gegründet (1251), auf 1264 datiert man die Gründung der Stadt Friedberg, auf 1273 Neustadt a.d. Donau. Ein umfassendes System zeichnet sich ab, wenn man auch die Gründungen an Lech und Inn beizieht; es geht immer auch um die Sicherung von Straßen, um Flußübergänge, auch um die Wasserstraßen selbst. Die Gegenkräfte saßen im Land selbst, das waren bis 1248 noch, dann starben sie aus, die Grafen von Andechs. Bis 1268 war der Westen Bayerns in der Hand der Staufer; vor allem die Bischöfe bauten, wie die Herzöge, ihre Herrschaftsräume systematisch zu geschlossenen Territorien aus. Die Gründung von Landshut etwa und Landau war gegen den Bischof von Regensburg gerichtet, Dingolfing und Vilshofen gegen den Bischof von Passau.

Die Gründung von Erding fügt sich ebenfalls in diesen Zusammenhang des großen Ringens der ersten Herzöge aus dem Hause Wittelsbach um die räumliche Geschlossenheit ihres Herzogtums. Herzog Ludwig der Kelheimer, der schon mit dem Bischof von Regensburg zu Beginn des 13. Jahrhunderts heftige Kämpfe ausgetragen hatte, machte kurz vor 1230 auch den Bischöfen von Freising ihre Herrschaftsrechte im Land streitig, wobei es ihm vorübergehend sogar gelang, allen Grundbesitz des Bischofs, mitsamt der Stadt Freising selbst, als kirchliches Lehen in seine Hand zu bekommen. Eine herzogliche Festung am Semptübergang bei Altenerding war in dem Ringen, das diesem Erfolg vorausging, äußerst hilfreich, blockierte sie doch die Verbindung Freisings zur einzigen geschlossenen Außenbesitzung, dem Stift Isen, während sie gleichzeitig die von Freising blockierte Verbindung zwischen München und Landshut sicherte. Damit wird, da Erding mit Markt, Brücke und Zoll bereits im ersten Wittelsbacher Urbar, das in die Jahre zwischen 1231 und 1234 datiert werden kann, genannt wird, das Jahr 1228 als Jahr der Stadtgründung äußerst wahrscheinlich.

Der Gründungsvorgang sah ähnlich aus wie bei Straubing oder Dingolfing, bei Landau oder Neuötting, ähnlich auch wie bei Schongau; aus der Flur einer bereits vorhandenen älteren Siedlung wird ein geeignetes Areal herausgenommen, das sich für die Bestimmung einer Stadt eignet, zur Verteidigung, zur Anlage eines Marktes, auch als Verkehrsknotenpunkt. Bisweilen geht dabei der Name der älteren Siedlung, neben der die neue Stadt entsteht, auf diese über, zum Beispiel Altötting-Neuötting, Altenstadt-Schongau. Für das alte Erding ist 1271 erstmals der Name Altenerding bezeugt, nachdem aus Ardeoingas von 788 im 12. Jahrhundert Ardingen geworden war, 1207 dann bereits Erdingen. Um 1300 heißt es dann Aerding, 1393 Erding.

Welchen Rechtstitel der Herzog für die Neugründung 1228 geltend machte, muß offenbleiben. Zwar besaß allein der Herzog das Befestigungsrecht, aber auch nur auf

Grundriß der Stadt (Plan vom Jahr 1811), südlich angeschlossen die Neustadt (Haager Vorstadt)

eigenem Grund; Burgenbau auf Kirchengrund war aber geradezu die Regel. Die Confoederatio cum principibus ecclesiasticis von 1220, der Vertrag des Kaisers Friedrich II. mit den deutschen Kirchenfürsten, hatte zwar unter anderem den Verzicht des Kaisers auf derartige Usurpationen zum Inhalt, aber weder Grafen noch Fürsten hielten sich an dieses Vorbild. Auch eine Anzahl bayerischer Städte stand so auf Kirchengrund, mit Sicherheit auch Erding. Im gesamten Schergenamt Erding machte der Herzog Besitzansprüche nur über einen Garten und sechs Hofstätten geltend, über welche aber der Scherge, sein Beamter, das Verfügungsrecht besaß. Er zinste dafür mit 6 Schillingen, der Garten erbrachte 60 Pfennige. Diese Abgaben wie auch die übrigen aus dem Schergenamt Erding, die im Herzogsurbar von 1231/1234 verzeichnet sind, haben eindeutig den Charakter von Vogteiabgaben; der Herzog war Vogt über die Grundherrschaft des Domkapitels Salzburg, über die Höfe des Bischofs von Freising und die Anwesen der Klöster Ebersberg, Dießen, Attel und Schäftlarn. Die Nachweise für die Eigentumsrechte der Klöster und des Bistums Freising sind aber sehr gut bezeugt, ihr Umfang dürfte auch nicht sehr groß gewesen sein. Der Herzog war auch Vogt über das Freisinger Baramt; damit war aber keine Verfügung über Grund und Boden gegeben, die Abhängigkeit der Barleute war rein personenrechtlich bedingt. Unmittelbar neben der späteren Stadtmauer, aber außerhalb des städtischen Areals, um 1231/1234 im Schergenamt Preising gelegen, besaß der Herzog zwei Mühlen. Auch sein Besitz zu St. Paul, zwei Höfe und eine Hube, wurde nicht in den Stadtbereich einbezogen. Im übrigen bedurfte die Gründung nicht einer umfangreicheren Bodenfläche als ein mittlerer Bauernhof; die ummauerte Stadt nahm zehn bis elf Hektar ein, dazu kam dann im 14. Jahrhundert die Haager Vorstadt mit drei bis vier Hektar. Die Nord-Süd-Achse maß 445 Meter, die West-Ost-Achse 290 Meter. Ob die Stadt nun auf Grund und Boden der Salzburger Kirche oder eines der Klöster angelegt wurde, muß offenbleiben. Ebersberg darf aber nicht ausgeschlossen werden, es besaß in Klettham und Altenerding hinreichenden Grundbesitz.

Die Gründung selbst muß man sich so vorstellen wie etwa den Vorgang bei der Gründung von Freiburg im Breisgau, der in einer Urkunde von 1120 beschrieben wird: Ein Unternehmer (Locator) wirbt künftige Bürger an, mißt das Straßenkreuz aus und legt die Areale für die Hofstätten und die Kirche fest. Für die nächsten zehn Jahre waren die neuen Bewohner steuerfrei, dann zinsten sie dem Stadtherrn, dem Herzog also. Sinnvoll war die neue Gründung nur, wenn sie die üblichen städtischen Funktionen hatte. Tatsächlich ist für Erding bereits bei der ersten Erwähnung der Markt bezeugt; er brachte dem Herzog als Schirmherrn des Marktes einen Marktzoll von 6 Pfund – Zoll und Gericht erbrachten 11 Pfund. Die Rede ist auch von einer Brücke. Der Grundriß der Stadt spiegelt diese ihre Funktion als Wirtschaftsfaktor ebenfalls wider. Wie auch bei den sonstigen bayerischen Gründungsstädten ist auch für Erding das entscheidende Kennzeichen der Straßenmarkt, der bei Landshut, aber auch bei Straubing und Deggendorf mit einer Länge von 600 bzw. von 400 Metern besonders ausgeprägt ist. Die Lange Zeile in Erding erreicht diese Länge nicht. Ein zweiter kurzer Straßenmarkt von der Kirche bis zum Landshuter Tor weitet sich aus zum rechteckigen Schrannenplatz, nach Norden schließt sich der Kleine Platz oder Rindermarkt an. Daß der Grundriß der Stadt eine planmäßige Anlage ausschließe, wie Klaus Kratzsch andeutet, widerspricht allen gleichzeitigen Vorgängen; jede Stadtanlage ist selbstverständlich den örtlichen Gegebenheiten angepaßt. Zweifel darf man auch an der Vermutung von Hans Dachs anmelden, der eine Stadtentwicklung in Etappen annimmt. Er schließt das aus den Bezeichnungen „Alter Markt" für das Gelände vor dem Freisinger Tor und „Kurze Zeile" für einen Abschnitt der Hauptstraße. Das ist aber unwahrscheinlich; wenn die Stadt als Festung gedacht war, ist eine Anlage auf Raten sinnlos. Vollends das östliche Drittel, wie Kratzsch vermutet, kann dann keinesfalls nachträglich angeschlossen worden sein; die Schutzfunktion der Sempt fiele dann ja fast gänzlich weg. Die abgewinkelte Straßenführung vom Ende der Langen Zeile zum Münchner Tor erscheint allerdings wenig einleuchtend, aber auch sie ist nicht singulär; in Weilheim, Aichach oder Abensberg bildet auch das Viertel um die Kirche ein ähnliches Bild. In Erding kommt hinzu, daß hier die Burg des Stadtherrn liegt. Das Straßenkreuz, das zu den Kennzeichen der frühen Gründungsstädte im allgemeinen gehört, ist in den obenerwähnten Fällen aber nur in diesem Bereich gestört; in der Versetzung des westlichen Tores, des Münchner Tores, ist es bei Erding nur unwesentlich beeinträchtigt. Man muß annehmen, daß für die Anlage der Stadt von Anfang an der Stadtturm – auch in Landau oder Neustadt an der Donau übernimmt der Kirchturm diese Funktion – und damit auch die Kirche als imposanter Abschluß und Zielpunkt der beiden großen Straßenmärkte wichtiger war als die gerade Straßenführung. Übrigens läuft auch die Freisinger Straße im Winkel weiter, wenngleich erst außerhalb des Tores – anders als die Straße nach Landshut.

Die Straßen waren aber sicher für Erding so wichtig wie auch anderwärts. Die alte Römerstraße verlor allerdings gegenüber der von München über Neuching führenden Straße an Bedeutung, erst mit der äußeren Landshuter Straße wird sie wieder aufgenommen. Unbedeutend war aber jenes Stück, das südlich der Stadt über Pretzen, Wörth, Wifling nach Haag weiterführte, im Mittelalter und in der Frühen Neuzeit sicherlich nicht, wie die Benennung der Haager Straße andeutet. Die Grafenburg zu Haag, seit 1498 auch der Bezugspunkt für die Hofmark zu Altenerding-Siglfing, war das nächste größere herrschaftliche Zentrum im Umkreis südlich der Stadt, wie Landshut im Osten und Freising im Norden.

Erding als Stadt – 1280 ist erstmals diese Benennung überliefert, „Oppidum" heißt es einmal 1314 –, als befestigte Siedlung ist nicht unmittelbar in der Gründungszeit schon in dieser Funktion greifbar, man muß

Die „Kunst-Kuh" auf dem Kleinen Platz erinnert an den früheren Rindermarkt und die Viehwaage (Bronzeskulptur des Pretzener Bildhauers Josef Moser, 1991)

Ein erhaltener Wehrturm unweit der Hl.-Geist-Kirche

sie aber voraussetzen. Nicht umsonst ist die Stadt in die Flußgabel gesetzt, die von der Sempt und dem Fehlbach (eigentlich Faulbach) gebildet wird. Eine Anlage der ältesten Stadtbefestigung mit Wall, Graben und Palisaden oder Mauer vermutet Dachs schon um die Mitte des 13. Jahrhunderts. Den Ausbau der Stadtmauer mit vier Stadttoren, acht Wehrtürmen auf der Westseite und vier auf der Ostseite, mit doppeltem Wasserring setzt er in das 14. oder 15. Jahrhundert. Die herzogliche Stadtburg, erstmals erwähnt im 14. Jahrhundert, mit ihrem Bergfried, dem „Hohen Turm", gehörte nicht unmittelbar zur Stadtbefestigung, sondern blieb in der Verfügungsgewalt des Herzogs und war Sitz des Pflegers, mit Gefängnisturm und Strenger Fragstatt. 1646 wurde die Burg an die Stadt veräußert, am 18. April 1945 fiel der Turm einer Fliegerbombe zum Opfer.

Bemerkenswert waren die Tore. Das Haager Tor, auch Schergentor oder Neustädter Tor – nach der im 14. Jahrhundert angelegten Haager Vorstadt, der „Neustadt" –, wird 1497 erstmals genannt, das Münchner Tor 1490, das Landshuter Tor erstmals 1408. Nur dieses blieb erhalten, die übrigen drei Tore wurden abgebrochen: das Haager Tor bereits 1789, das Münchner Tor, auch Kletthamer- oder Kapuzinertor genannt, 1871 und das Freisinger- oder Moostor 1885. Die Stadtmauer war zu allen Zeiten ein kostspieliges Bauwerk. 1393 wurde der Stadt ein Marktzoll für ihren Unterhalt gewährt. In der Stadtordnung von 1513 wurde ein Drittel der Einkunftsüberschüsse für die Mauer bestimmt; trotzdem war sie im 17. Jahrhundert völlig veraltet, sie konnte ihre Bürger nicht mehr schützen. Im späten 17. Jahrhundert versuchte man ihre Wiederherstellung, aber ohne große Wirkung, zum Beginn des 19. Jahrhundert begann man mit ihrem Abbruch, nachdem auch der Stadtgraben eingeebnet worden war. Schon 1810 war die Mauer zum größten Teil abgetragen, dann kam der Prozeß zum Stillstand. Die scharfen Mahnungen König Ludwigs I. waren nicht vergeblich, welcher der Stadt 1847 ins Stammbuch schrieb: „Städte sollen nicht das Ansehen von Dörfern bekommen." Erst 1868 wurde Abbruchserlaubnis erteilt; nur Reste blieben bis heute erhalten.

Die Stadt als Rechts- und Friedensgemeinschaft

Neben Marktrecht und Stadtmauer war das wichtigste Kennzeichen einer Stadt das Stadtrecht. Auch in Bayern – wenngleich hier die große Gründungswelle gegenüber den Territorien der Zähringer, Staufer und Welfen in Oberschwaben und Ostsachsen um einiges verspätet erscheint – stehen die Anfänge der Stadtkultur noch ganz im Zeichen altertümlicher Verfassungsstrukturen. Erst im Verlauf der Entwicklung werden die moderneren Züge bestimmend, die an sich mit dem Gesamtphänomen bereits gegeben waren. Stadtgründungen sind Hoheitsakte, sie erfolgen durch die Fürsten, die Gründung selbst bleibt unter der Hoheit des Stadtherren, selbst wenn der Herzog als Stadtgründer nicht gleichzeitig Grundherr ist, wie etwa bei Straubing oder Ingolstadt. Die Stadtbewohner genießen zunächst keinesfalls bereits das Privileg der persönlichen Freiheit, sondern bleiben in dem Stand, in dem sie geboren sind oder in den sie infolge besonderer Umstände aufzusteigen vermögen, auch für Freie als Stadtbewohner tritt anfangs eine Minderung der Freiheit ein durch die Abhängigkeit vom Stadtherren. Wenn dieser gleichzeitig Grundherr ist, fallen die Stadtbewohner sogar noch unter das Hofrecht, wie die Angehörigen eines Gutsbezirks. Die wirtschaftlichen Gegebenheiten bringen jedoch auch im 13. Jahrhundert Lockerungen der ursprünglichen Bindungen; sehr oft werden bereits mit dem Gründungsakt jene Privilegien als Anreiz zur Ansiedlung in der Stadt gewährt, die dann im Verlauf der Entwicklung die Stadt im besonderen auszeichnen werden. Der Grundsatz „Stadtluft macht frei" steht jedenfalls nicht am Anfang; wie sich aber aus der Bemühung des Abtes von Ebersberg von 1314 um ein Verbot der Aufnahme Ebersberger Grundholden als Bürger von Erding schließen läßt, war offenbar bereits damals die persönliche Freiheit der Stadtbürger der wichtigste Anreiz zur Zuwanderung aus dem Umland.

Über den genauen Inhalt des ältesten Stadtrechts sind wir nicht unterrichtet. Erding war vermutlich bereits im 13. Jahrhundert mit dem Landshuter Stadtrecht begabt. Erhalten ist aber nur die Bestätigung von 1323, mit welcher die Landshuter Herzöge alle von ihren Vorfahren gewährten Rechte erneuern. Erhalten sind auch Bestätigungen, zum Teil auch Erweiterungen aus dem 14., 15. und Beginn des 16. Jahrhunderts. Das wichtigste der damals gewährten Rechte war jenes der Anerkennung der Bürgerschaft als eines eigenen Rechtsträgers und die Gewährung der Selbstverwaltung durch eigene Organe. Zum Ausdruck kommt diese Stellung bereits im Stadtsiegel – das älteste Siegel stammt von 1303. Es zeigt bereits die Pflugschar als Stadtwappen, schräg rechts gestellt; in späteren Abbildungen steht die Pflugschar auch senkrecht, blau, in silbernem Feld.

Die Zeitstellung des Stadtsiegels gilt auch für die Existenz des ältesten Organs der Bürgerschaft, für den Rat. In den kleineren Städten Niederbayerns, Kelheim, Landau, Vilsbiburg oder Dingolfing, betrug die Zahl der Ratsherren sechs, in Landshut und München zwölf, Erding hatte acht „geschworene Bürger". Sie wurden ursprünglich wohl von der Bürgerschaft, der „Gemain", gewählt, wie denn 1347 „der rat und die gemain der pürger ze Arding" als Ein-

Münchner Brücke und Tor in romantischer Übersteigerung (Gouache von Simon Quaglio, 1863)

Stadtsiegel von 1394 (Gipsabformung im Städtischen Heimatmuseum)

heit auftreten. Die Aufgaben des Rats waren vielfältig. Zu den ältesten gehörte die Steuerveranlagung und die Gewährleistung des Stadtfriedens und der öffentlichen Sicherheit; dazu kamen Gewerbeaufsicht, die Verwaltung der Spitäler, der Almosenstiftungen und der Gotteshausrechnungen, auch das Vorschlagsrecht bei städtischen Pfründen. Der Rat stellte auch die Appellationsinstanz für das Stadtgericht dar; er unterlag der Kontrolle durch die Rentmeister, die sich auf den regelmäßigen sogenannten Rentmeisterumritten Einblick in das städtische Verwaltungsgebaren verschafften.

Als Kontrollorgan innerstädtischen Charakters trat Ende des 15. Jahrhunderts dann dem Inneren Rat ein gleich starker Äußerer Rat gegenüber, ausdrücklich als Organ der „Gemain"; in der Stadtordnung von 1513 ist er bereits festgeschrieben. Der Innere Rat, zunächst wohl von der Bürgergemeinde gewählt, nahm aber offenbar schon sehr bald das Recht der Selbstergänzung aus dem Kreis ganz weniger ratsfähiger Familien in Anspruch, so daß er im Lauf der Zeit in bürgerferner Exklusivität erstarrte und seine Aufgabe offenbar mehr im Erhalt seiner Position als in der Sorge um das Gemeinwohl sah. Das nahmen wenigstens seine Kritiker an. Auch die Etablierung eines Konkurrenzorgans änderte nichts an dieser Situation, es ergab sich damit nur die Möglichkeit zur Erweiterung der Elitenbildung. Die Ratsherren stellten auch die Vorstände der Stadtviertel, die „Viertelsherren". Die Ratsfamilien, die ein persönliches Wappen und ein Siegel führen durften, ohne aber die Ebenbürtigkeit mit dem Patriziat der Hauptstädte zu erlangen, hielten sich jahrhundertelang. Ein Geschlecht, das Handelshaus der Schreiber, bezeugt von 1300 bis 1581, stieg sogar in den Landadel auf. Die Familie besaß 1512 einen freieigenen Sedlhof in Erding, 1544 erwarb der letzte Vertreter Christoph Krafft in Grünbach die Hofmarksgerechtigkeit; sein Grabmal ist in St. Johann in Erding.

Die Beschlüsse des Rats hatte der Bürgermeister auszuführen, der seit 1502 bezeugt ist und von der Gemeinde aus dem Kreis der Ratsmitglieder gewählt wurde. Vorher, nachgewiesen seit 1442, stand ein Kammerer an der Spitze der städtischen Honoratioren, in den Anfängen der Stadtgeschichte nahm ein herzoglicher Richter als Vertreter des Stadtherrn die später dem Bürgermeister zukommenden Hoheitsrechte in Anspruch. Unter den Namen der Bürgermeister treten lange Zeit immer wieder zwei hervor: die der Familie Sandtner, zwischen 1586 und 1671, und die der Todfeiler von 1619 bis 1728, die auch die wichtigsten Ratsherren stellten. Eine herausragende Persönlichkeit war auch der Bürgermeister Matthias Bachinger († 1738), der ein bedeutendes Stipendium stiftete; sein Grabmal ist an der Stadtpfarrkirche angebracht.

Zu den Obrigkeiten zählte vor allem das Stadtgericht, der Gerichtsstand der Bürger. Herzogliche Freiheitsbriefe sicherten die Rechte der Bürger; in der Bestätigung von 1450, ergangen im Namen Herzog Ludwigs des Reichen, wurde der Stadt noch einmal ausdrücklich die niedere Gerichtsbarkeit garantiert und festgelegt, daß keinem herzoglichen Amtmann in der Stadt amtliche Befugnisse zustünden. Auch das Gericht „umb die drey sach, die zum Todt gent", die sogenannten Vitztumshändel, sollte der herzogliche Vitztum „nit anderswo richten dann in der Stat zu Ardingen". Hier, links vom Fehlbach neben der Melkstatt, stand auch der Galgen für das ganze Landgericht. Seit 1524 lag die städtische Gerichtsbarkeit allerdings, wohl aus praktischen Gründen, weitgehend beim Pfleger; den Gerichtsumstand bildeten aber Mitglieder des Rats und der Bürgerschaft, die „gesworn der purger". Gerichtsort war die Schranne; am Donnerstag tagte am Schrannenplatz das Landgericht, die sogenannte Landschranne, am Freitag das Stadtgericht. Die Kompetenz des Stadtgerichts umfaßte vor allem die sogenannten „bürgerlichen Fälle", die freiwillige Rechtspflege, die polizeiliche Strafgewalt, die Geldbußen bis zu 72 Pfennig einschloß; auch für die Zwangsvollstreckung war das Stadtgericht zuständig. Die Appellationsinstanz für das Stadtgericht war jetzt der Innere Rat. Das Stadtrecht galt innerhalb des Burgfriedens; seine Grenzen wurden markiert durch Säulen, die u. a. beim Ferstlkeller, in Kehr, an der Freisinger Straße an der Abzweigung nach Siglfing und an der Gerichtslinde beim Finanzamt standen.

Die Bestimmungen des Stadtrechts waren gedacht zur Sicherung des Stadtfriedens und zum Schutz der Bürger vor hoheitlicher Willkür. Aber immer wieder gab es Zeiten, in denen sich die Bürger aufbäumten gegen die Herrschaft der Ratsgeschlechter, die sich gegenüber der Bürgerschaft, die sie repräsentierten, für die sie tätig sein sollten, wie der Adel gegen die Bürger abschlossen. Die schwersten Vorwürfe erhob man aber nicht gegen die Handhabung von Recht und Ordnung, sondern, wie in einer Handels- und Gewerbestadt nicht anders zu erwarten, im Hinblick auf das Finanzgebaren des Rates. Zu den wichtigsten bürgerlichen Pflichten gehörte, neben der Wacht, der Bereitschaft zur Stadtverteidigung, die Stadtsteuer. In der Frühzeit der Stadt war auch die Gemeinde an der Steuerfestsetzung beteiligt, bald aber bestimmte nur mehr der Rat. Die Höhe der Stadtsteuer betrug 1525 210 Pfund, davon waren 80 Pfund an den Herzog zu entrichten; das war ein Betrag, für den man damals unter Umständen bereits ein kleines bäuerliches Anwesen erstehen konnte. Vergleichszahlen zeigen, daß Erding aber nicht übermäßig belastet war: Rosenheim zahlte dem Herzog 16 Pfund, Traunstein 30, Neuötting 40, Landshut aber 600 Pfund. In besonderen Notfällen wurde auch, nach eingeholter landesherrlicher Bewilligung, ein Ungeld auf Getränke erhoben, eine indirekte Steuer. Konflikte entzündeten sich sowohl an der selbstherrlichen Festlegung von Steuer und Ungeld

Grenzstein von 1678

wie an der Verwendung bzw. Verwaltung der Gelder; man witterte generell Willkür und Vetternwirtschaft. Volker Press hat solchen Vorfällen nachgespürt. Er zeigte vor allem, wie sich dabei die Stadtverfassung mehr und mehr zugunsten der Rechtsposition der Regierung veränderte. 1539 ging es um die Rechenlegung des Rates; die Landshuter Regierung verpflichtete Bürgermeister und Rat, entsprechend der Forderung der Bürgerschaft, jährlich Rechnung abzulegen und behielt sich vor, die Wahlen zu überwachen und gegebenenfalls einzugreifen; auch schrieb sie vor, die Gemeinde mit einem Ausschuß von 40 Mann zur Rechenschaftsablage beizuziehen. 1608 wurden wieder in Landshut Beschwerden vorgebracht. Bürgermeister war damals Kaspar Sandtner, der eigenmächtig 3000 Gulden Kredit aufgenommen hatte. Landshut entsandte eine Untersuchungskommission, die 1610 einen großen Teil der Anklage als berechtigt anerkannte und verfügte, daß in Zukunft ein zweiter Bürgermeister zu wählen sei; beide sollten in halbjährlichem Turnus einander ablösen. Die Regierung verbot weiterhin die Betrauung von Verwandten mit der Kontrolle des Rates, ordnete an, daß die Bürgerschaft vor dem Verkauf städtischer Liegenschaften angehört werden müsse, und verpflichtete den Rat zu schärferer Überwachung gewisser Handelspraktiken. Der Rat appellierte 1611 an den Hofrat, der eine herzogliche Kommission entsandte; das Verfahren war aber bei Kriegsbeginn 1618 noch nicht abgeschlossen.

Diese Linie der Verstärkung der Staatsaufsicht setzte sich auch in der Folgezeit durch, wobei meist Entscheidungen zugunsten der gemeindlichen Kläger ergingen. Immer wieder war dabei der Ausschuß der Bürgerschaft aktiv, das ganze 18. Jahrhundert hindurch, besonders während der Kriegsjahre seit 1705. Es ging vor allem um Beteiligung an der Steuereinziehung, um Finanzierung der Ausschußarbeit, um Einhaltung der bürgerlichen Rechte, um Beschwerden wegen willkürlicher Festlegungen. 1734 mußte dabei der Bürgermeister Johann Todfeiler zurücktreten, 1781 der ganze Magistrat. In diesem Jahr stellte eine Kommission der Obersten Landesregierung fest, daß der Rat nicht mehr im Namen der Gemeinde spreche, sondern diese „mehr unterdrucket als beschützet", und ordnete an, die Leute als „wahre Mitbürger und nicht als ihre Knechte" zu behandeln, dabei wurde er ausdrücklich auf die „Stadt- und Markt-Instruktion" Max' III. Joseph von 1748 verpflichtet. So brachte noch das 18. Jahrhundert auch für Erding das Ende der Oligarchie; es war der absolutistische Staat, der wirklich die im mittelalterlichen Stadtrecht verbriefte Mitwirkung der Gemeinde am Stadtregiment durchsetzte.

Es fällt schwer, auch für eine Kleinstadt wie Erding ähnliche Verhältnisse anzunehmen wie für die großen Städte des Reiches mit ihrer typischen Verfestigung der Ratsherrschaft in der Hand der Patrizierfamilien, die immer wieder zu Aufständen der Zünfte, der Handwerker und überhaupt der gewerbetreibenden Schichten führte. In den kleineren Landstädten, auch in Erding, waren die Bürger gleichen Standes wie die Ratsherren, übten gleiche und ähnliche Berufe aus – von der Sache her war die Exklusivität des Rates, wie sie sich seit dem Mittelalter entwickelt hatte, nicht vertretbar. Das Bürgerrecht selbst verlieh freilich ebenfalls einen gewissen exklusiven Charakter; Voraussetzung für seine Verleihung waren Grundbesitz und ein Wohnsitz in der Stadt. Der Bürgereid verpflichtete die Bürger ebenso zur Mitsorge für das Wohl der Gemeinde wie Rat und Bürgermeister. Die ältesten Zeugnisse für Erdinger Bürger sind in den Urkunden von Weihenstephan überliefert; hier findet sich 1354 ein Hainrich der Tulbekk oder 1358 ein Hainrich von Asch und ein Hertel Tuenawer. Zahlreiche Namen von Bürgern vermitteln auch die Matrikeln der Universität Ingolstadt bzw. des Jesuitengymnasiums München. Die hier genannten Bürger, alle Arten von Handwerkern, schicken also genau wie die Ratsfamilien ihre Söhne zu den Jesuiten nach München und auf die Universität Ingolstadt. Die Erdinger Bürgerschaft war, wie das bei allen Städten vor 1800 mit ihrem äußerst eingeschränkten Bürgerrecht der Fall war, nicht eben zahlreich; ihre Zahl läßt sich anhand der Wohngebäude zuverlässig feststellen. So gab es 1661 134 Bürger und Hausbesitzer, dazu 127 Inwohner; 1691 waren die Zahlen 159 und 129; 1700 zählte man 160 Bürger und 130 Inwohner; 1742/43 waren es 166 bzw. 197; 1752 bereits 252; 1789 323. Diese Zahlen betreffen nur die Haushaltsvorstände. Die Zahl der Seelen lag damals bei 1700, 1771 umfaßte die Einwohnerschaft 1648 Personen, damals war Erding die zwölftgrößte Stadt des Kurfürstentums. Größer waren u.a. Burghausen (ca. 2500), Deggendorf (ca. 2300), Reichenhall (ca. 2400), Freising (ca. 5000).

Die vielen Gesichter einer Stadt

Die Stadt als Kultgemeinschaft

Gemeinsinn wird nicht allein, oder überhaupt nur unter günstigen Voraussetzungen erzeugt durch die Abhängigkeit von gemeinsamen wirtschaftlichen Gegebenheiten. Das Konkurrenzdenken bricht sich auch trotz, oder gerade wegen der Zunftordnungen, die schädliche Konkurrenz ausschließen sollten, immer wieder Bahn. Einigend aber war dieses Band doch, wie eben die Gemeinsamkeit im religiösen Alltag, noch mehr bei den großen Festen zeigen mag.

Daß die zuständige Pfarrkirche für die Stadt Erding immer noch die alte Kirche des Herzogs- und Königshofes Ardeoingas war, war nicht ungewöhnlich, bei vielen Gründungsstädten des 13. Jahrhunderts war es so. Für die Betreuung der Bürger aber brachte dieser Umstand keine Beeinträchtigung mit sich, zumal der Pfarrer lange Zeit lieber in der Stadt residierte als im Dorf. Im Grunde war die Stadt längst von der Mutterpfarrei praktisch unabhängig. Sie besaß wohl seit Ende des 14. Jahrhunderts bereits ihre eigene Kirche, St. Johann; aus dieser Zeit stammen dem Baubefund nach der Altarraum und die drei Untergeschosse des Turmes, der, abgesetzt von der Kirche, gleichzeitig Stadtturm war. Im 15. Jahrhundert, 1410 begonnen, 1464 vollendet, entstand die mächtige gotische Hallenkirche, die heute noch das Stadtbild bestimmt. Auch die am Nordrand des Schrannenplatzes stehende Frauenkirche stammt bereits aus dem Ende des 14. Jahrhunderts. Seit der Mitte des 15. Jahrhunderts stand auch die Spitalkirche zum Hl. Geist für Gottesdienste zur Verfügung. Die Kirche zu St. Paul, 1699 von Hans Kogler erbaut, wird – ohne den Charakter als Friedhofskirche, den sie erst in der Pestzeit erhielt – bereits 1231/1234 als herzoglicher Urbarsbesitz genannt.

Dem Pfarrer zu Altenerding stand ein Landkooperator zur Seite, zwei Kooperatoren unterstanden ihm in der Stadt. 1318 war die Pfarrei, deren Besetzung bis dahin der Bischof vornahm, dem Kollegiatstift St. Johann in Freising inkorporiert worden, dem seither auch das Präsentationsrecht zustand. Für die Seelsorge in der Stadt ergaben sich aus dieser Rechtslage insofern Schwierigkeiten, als der Stadt im Lauf der Zeit, auch wenn nicht immer alle Pfründen besetzt waren, das Präsentationsrecht für elf Benefizien zukam, die gestiftet waren vom Rat, von der Bürgerschaft, von den Zünften, auch von einzelnen Bürgern, wie das Pienzenauersche Benefizium (1715), das Brem'sche Frühmeßbenefizium (1765) oder 1835 noch das Brandstätter'sche Benefizium. Die älteste Stiftung war die sogenannte „Mittermesse" (1408) auf den Hochaltar „Unserer Lieben Frau am Platze" (J. Mundigl). Von 1414 datiert eine Stiftung auf den St.-Anna-Altar in St. Johann. 1582 wurden die Benefizien, nachdem sie nicht selten an Pfarrer der Umgebung vergeben und in der Stadt durch schlecht besoldete Vikare versehen worden waren, nicht zur Zufriedenheit der Bürger, teilweise zusammengelegt, so daß nur noch sechs bestanden, als sie 1649 an das Säkularinstitut der

Am Erker des Rathauses weitet sich der Platz, das einstige Frauenkircherl tritt in das Blickfeld (Aquarell von Mathilde Schabenberger)

Barocke Prozessionsstange in St. Johann

Hl. Blut; dort wurde auch 1711 das sogenannte Emeritenhaus erbaut, ein Heim für alte Priester des Instituts. Auch viele Pfarreien im Umland wurden mit Bartholomäern besetzt. Erding wurde damit geradezu, wie Press feststellt, geistlicher Mittelpunkt des Umlands oder, wie A. Kleiner sagt, die Stadt wurde durch das Wirken der Bartholomäer zur „Priesterstadt". In 100 Jahren gingen 43 Weltpriester aus Erding hervor, acht davon wirkten allein im 18. Jahrhundert in Erding selbst; auch der letzte Bartholomäerpriester, Alois Kleinsorg (1776–1857), war geborener Erdinger. Der Stadtrat begrüßte die mustergültige Seelsorge in Erding, 1788 erstattete der Pflegsverweser J. N. von Widnmann über sie einen rühmenden Bericht nach München.

Bartholomäer übergeben wurden. Für den Ausgang des 18. Jahrhunderts werden sieben Benefiziaten erwähnt, nach der Säkularisation wieder sechs. 1706 erhielten die Bartholomäer auch die Pfarrei. Dabei handelt es sich um ein Reforminstitut, das der selige Bartholomäus Holzhauser aus Tittmoning 1640 gegründet hatte. Die Grundlage war, wie bei den Seelsorgsorden im Mittelalter, das gemeinsame Leben in gegenseitiger Ermunterung und Hilfe, die bis zur Versorgung der alt gewordenen Weltpriester ging. Ihre Aufgabe bestand in lebendiger Seelsorge und Förderung der schulischen Bildung. 1647 erhielt die Vereinigung, die sich in kurzer Zeit über das gesamte katholische Europa ausbreitete, die kirchliche Approbation. Schon 1649 wurde eines ihrer ersten Mitglieder, Michael Rottmayer, Pfarrer zu Altenerding, gleichzeitig Johann Weissenrieder Prediger zu Erding. Der Stadtrat präsentierte dann für alle sechs Benefizien Mitglieder des Instituts, 1706 gestand der Freisinger Bischof für 40 Jahre die Besetzung der Pfarrei mit Bartholomäern zu. Ihr Sitz wurde das Mesnerhaus in

Die Bedeutung der Bartholomäer hängt auch und vor allem mit der Lateinschule zusammen, durch die sie schon zu Beginn ihrer Tätigkeit auch künftige Beamte, nicht nur künftige Priester, auf das Gymnasium der Jesuiten zu München vorbereiteten. Trotz aller Verdienste wurde das Institut 1803 aufgehoben. Die Kapuziner, die 1690 nach Erding kamen, beschränkten sich streng auf die außerordentliche Seelsorge, für die sie auch vom Stadtmagistrat geholt worden waren, zum Beichthören und zur Aushilfe in den Pfarreien. Mit Einverständnis des Rats wurde, trotz einiger Widerstände durch den Dompropst von Freising, 1692 an der Münchner Straße ein Kloster und die Kirche St. Salvator errichtet, durchgesetzt u.a. mit Hilfe des einflußreichen Geheimen Rats Korbinian von Prielmayr, gefördert auch durch den Hofmarksherrn von Altenerding, Reichsfreiherrn Adam von Puech. 1788 weilten im Kloster 19 Patres, fünf Laienbrüder, vier Studenten. 1802 wurde das Kloster ebenfalls aufgehoben. 1821 erstand die Stadt, die 1802 mit der Vertreibung der Kapuziner keineswegs einverstanden gewesen war, die Gebäude für das Rentamt; 1902 etablierten sich dort Finanzamt und Amtsgericht.

Zur Gründung weiterer Klöster in Erding kam es nicht. 1627 schenkte der Pfleger zu Erding, der Geheime Rat Theodor Viepeck von Haimhausen, die von ihm erworbene Erdinger Stadtburg an die Franziskanerinnen von Reutberg bei Tölz, doch der Rat befürchtete finanzielle und wirtschaftliche Probleme, außerdem wollte er das Schloß selbst erwerben. Eine Niederlassung der Jesuiten in Erding dagegen, um die sich der Rat selbst seit 1640 nachhaltig bemühte und die schon die Zustimmung Kurfürst Maximilians I. gefunden hatte, scheiterte 1648 am Widerstand des Kollegiatstifts St. Johann und des Domkapitels von Freising. Der Initiator war der Bürgermeister Kaspar Sandtner, der in Ingolstadt studiert hatte und Propst der Ebersberger Jesuiten war. Nach der Aufhebung des Benediktinerklosters Ebersberg 1595 waren die Gebäude und Besitzungen, auch die Propstei zu Erding in der Langen Zeile, an die Jesuiten gekommen, die also schon in Erding besitzmäßig Fuß gefaßt hatten. 1781 folgten auf die Jesuiten die Malteser, 1803 wurde die Propstei Sitz des Rentamts.

Wie die Initiative auch des Erdinger Rats in diesen Fragen zeigt, muß das religiöse Leben in der Stadt Erding in den Jahrhunderten vor der Aufklärung ungemein lebendig gewesen sein. Seit der Erneuerungsbewegung im ausgehenden 16. Jahrhundert gab es wieder eine ganze Reihe von Bruderschaften, so die Corpus-Christi-Bruderschaft (1618), die mit der Erzbruderschaft zu St. Peter in München uniert war, die Rosenkranz-Bruderschaft (1655), die Herz-Jesu-Bruderschaft (1706); die älteste war wohl die Bruderschaft vom Leiden Christi (1472). Schon seit 1464 sang man im Advent täglich ein Rorate-Amt, die Rosenkranz-Bruderschaft hatte ihr tägliches Engelamt, jeden Donnerstag feierte die Corpus-Christi-Bruderschaft ihre Messe mit Prozession, in der Fastenzeit gab es die Ölbergandachten mit Predigt, im Mai die Maiandacht. Alle diese Frömmigkeitsübungen, das sei schon hier vermerkt, hatten Bestand bis in die jüngste Vergangenheit. 1676 erhielt Erding in St. Prosper auch seinen Stadtpatron; der Münchner Getreidehändler und Bürgermeister Johann Embacher hatte Reliquien dieses Katakombenheiligen nach Erding gestiftet.

Ein Anziehungspunkt für Wallfahrer aus der ganzen Umgebung war die Kapelle zum Hl. Blut in Klettham, die seit 1360 nachweisbar ist. Die Wallfahrt setzte 1475 ein, angeregt durch die Hl.-Blut-Legende, die von einem Hostienwunder berichtet.

Die Barockausstattung der Kirche St. Paul war bei der Weihe 1707 vollendet

Historistisches Fassadendetail vom Finanzamt, das zusammen mit dem Amtsgericht um die Jahrhundertwende auf dem Gelände des vormaligen Kapuzinerklosters erbaut wurde

Antependium am Hochaltar in Hl. Blut mit der Veranschaulichung der Wallfahrtslegende

Um die Mitte des 17. Jahrhunderts erlebte die Wallfahrt einen neuen Aufschwung. Von 1675 datiert der Neubau von Hans Kogler, der seine künstlerische Bedeutung vor allem der reichen Ausstattung verdankt. Bittgänge nach Hl. Blut, St. Paul, Niederding, Itzling und vor allem nach Maria Thalheim, seit 1555 auch die jährliche Wallfahrt zum hl. Sebastian nach Ebersberg, waren ein Erbe der Barockzeit, das bis ins 20. Jahrhundert nie ganz verlorenging.

Die Pfarrkirche zu Altenerding spielte in diesem Zusammenhang keine erkennbare Rolle, die seit 1460 nachweisbare Allerseelen-Bruderschaft scheint auf das Pfarrdorf beschränkt geblieben zu sein. In der Karwoche ging man aber von Erding aus zum Besuch der heiligen Gräber nicht nur nach Hl. Blut, sondern auch nach Altenerding. Langengeisling hatte ebenfalls seine religiösen Vereinigungen, die älteste Bruderschaft stammt aus dem Ausgang des 15. Jahrhunderts; besonders lebendig war die St.-Sebastians-Bruderschaft, die 1704 ins Leben trat und 1804 noch 9658 Mitglieder zählte.

Nicht diese kraftvolle Frömmigkeitsbewegung, die in und um Erding schon im 15. Jahrhundert in Erscheinung tritt und die besonders das 17. und 18. Jahrhundert auszeichnet, war der Hinderungsgrund für das schwache Echo, das die Reformation hier weckte. Auch die reformatorische Bewegung war großenteils von ausgesprochen religiösem Ernst getragen, und sie wäre zweifellos ohne den harten Zugriff der herzoglichen Beamten oder ohne die Ausstrahlung der Münchner Jesuiten und ihres Gymnasiums seit 1559 auch im Erdinger Raum nicht ohne Wirkung geblieben. Besonders als Herzog Albrecht V. auf dem Ingolstädter Landtag von 1563, als fast die Hälfte des Adels als Preis für die Bewilligung der vom Herzog geforderten Steuer die Freigabe der Augsburger Konfession gefordert hatte, die andere Hälfte wenigstens die Freigabe des Laienkelchs und der Priesterehe und die Aufhebung der Fastengebote, sich für diese letztere Forderung in Rom einzusetzen versprach – 1564 tatsächlich mit Erfolg – und die strengen Maßnahmen seines Vorgängers milderte, wurden auch in Erding die ersten deutlichen Regungen eines neuen Geistes sichtbar. Ein Benefiziat und einzelne Bürger besaßen verdächtige Bücher, der Schulmeister und der Kantor standen im Geruch, der Neuerung anzuhängen, der Stadtschreiber bekannte sich als Utraquist. Die Kommunion unter beiden Gestalten empfingen nach einer Erhebung von 1563 im Gericht Erding 134 Personen. Ihnen standen allerdings 4619 Altgläubige gegenüber, wie denn die Visitationsprotokolle von 1558/60 zwar von häufiger Mißachtung des Zölibats und von mangelhafter theologischer Bildung der Kooperatoren und Benefiziaten berichteten, aber sonst nur von geringem Einfluß der neuen Lehre. Die Anziehungskraft der Grafschaft Haag, deren Herr zu den protestantischen Vorkämpfern in Bayern gehörte, wirkte sich auf Erding weniger aus als auf den näheren Dorfener Bereich, wo die Bauern in Scharen nach Haag „ausliefen". Vollends der Kurswechsel von 1570, als Albrecht V. nach scheinbaren Anzeichen einer Adelsrevolte alle Neuerungen verbot, erstickte jedwede Neigung zum Konfessionswechsel; nur sechs Erdinger Bürger, ausnahmslos Handwerker, wanderten 1571 aus. Der Erdinger Pfleger konnte damals bereits von erfolgreicher Durchsetzung der herzoglichen Befehle nach Landshut berichten, wenig später war die religiöse Erneuerung vor allem unmittelbares Anliegen der Erdinger Ratsherren; von ihren Bemühungen um die Belebung der Seelsorge durch Jesuiten und Bartholomäer war schon die Rede.

Die Frömmigkeitsbewegung der frühen Neuzeit, wie sie auch in Erding zu beobachten ist, erschöpfte sich aber nicht in religiösen Übungen; es gab immer Bürger, die auch zu großen Opfern bereit waren. Nachdem Straubing und München schon im 13. Jahrhundert vorangegangen waren, Landshut, Wasserburg und Landau im 14., stifteten 1444 auch in Erding Adelige der Umgebung, darunter Krafft von Grünbach, dessen Geschlecht aus Erding stammte, und Erdinger Bürger, darunter Anna Hellmeister, das Hl.-Geist-Spital. 1465 wurde am Ortsende von Klettham das Leprosenhaus für Kranke und erwerbsunfähige Arme gegründet, das spätere Armenhaus, 1692 wurde das städtische Krankenhaus gestiftet, die spätere Josefi-Anstalt; 1740 bis 1751 unter Bürgermeister Bachinger erstand das Gebäude. Zu erwähnen sind auch die großen Almosenstiftungen von 1537 und 1685 für die regelmäßige Betreuung von Hausarmen. 1723 stiftete die Gräfin Rivera, eine geborene Preysing, die Gattin des Pflegers von Friedberg, die das noble Stadtpalais an der Münchner Straße bauen ließ, das Waisenhaus zu Hl. Blut. Bis 1803 betreuten es die Bartholomäer.

Den Rokokoaltar aus der Kapelle des abgebrochenen alten Krankenhauses zieren feingeschnitzte Vasen (Altar heute in St. Johann)

Die Stadt als Gesamtkunstwerk

Die Stadt als Kultgemeinschaft, das trifft zu für jede mittelalterliche Stadt, jede Bürgergemeinde brachte das auch sichtbar zum Ausdruck. Erding macht hier keine Ausnahme, aber das Gesamtbild ist trotz allem nicht schematisch ausgefallen, es ist unverwechselbar, typisch und doch völlig originell. Wie so viele dieser Städte des späten Mittelalters ist auch Erding eine Stadt der Türme; der dominierende Komplex ist aber die mächtige Stadtkirche St. Johann. Sie ist Ausdruck nicht nur der Frömmigkeit der

Türmereiches Erding (Aquarell von Gerhard R. Koschade)

Bürger, ist auch Zeugnis ihres Stolzes, ihres Selbstbewußtseins, Ergebnis auch des Fleißes der Bewohner, der Wirtschaftsblüte des 15. Jahrhunderts. Auch in Bayern ist diese festzustellen. Noch heute sichtbares Zeugnis sind die gewaltigen Hallenkirchen in Landshut, Ingolstadt, Straubing und Braunau, um die Frühphase zu nennen, oder in München, das um Jahrzehnte hinterherkam, oder auch die Kirchen kleineren, aber noch immer imposanten Ausmaßes, wie in Eggenfelden, Neuötting oder Dingolfing. Daß sich die bayerische Backsteingotik mit ihren hohen, lichtdurchfluteten Gewölben und weiten Räumen gerade in dieser Zeit so eindrucksvoll entfaltet, ist kein Zufall, sowenig wie der Beiname der Landshuter Herzöge im 15. Jahrhundert, die man die Reichen Herzöge nannte, von Heinrich XVI. von Landshut bis zu seinem Enkel Georg, mit dem seine Linie 1503 ausstarb.

Wie die Einordnung der Erdinger Bürgerkirche in die Reihenfolge der großen bayerischen Hallenkirchen des 15. Jahrhunderts zeigt, sowohl mit ihrem frühen Baubeginn um 1410 wie hinsichtlich der ansehnlichen Ausmaße, gehörte damals die Stadt an der Sempt zu den bedeutenderen Städten des Landes, und nicht nur in Niederbayern. Erding trat aber nicht aus der Reihe der bayerischen Städte hervor, das Zeitalter überbot sich, vor allem in Bayern, in Bauten von säkularem Rang. Beginn und Krönung zugleich war die Martinskirche von Landshut (um 1380): keine gotische Kathedrale mehr, wie sie die Spätzeit der Staufer in Deutschland erstmals sah, steil aufragend, mit hohen, weiten Gewölben, die von mächtigen, schweren Pfeilern getragen werden, aber auch geheimnisvoll im dämmrigen Licht der farbendunklen Fenster. Die bayerische Hallenkirche, wie sie Hans von Burghausen in Landshut entworfen hat, scheint noch steiler. Nicht nur der Turm wird bis in nie gekannte Höhen geführt, auch das Schiff strebt mit schlanken, fast leichten Pfeilern so hoch, wie es vor dem Landshuter Meister in Bayern kein Baumeister gewagt hat. Hohe Fenster füllen den Raum mit Licht. Mit dem Bau von St. Martin war das Zeichen gesetzt für eine Baubewegung ohnegleichen, die über Bayern hinlief wie nur noch im hohen 18. Jahrhundert. Die Residenzstädte taten es den anderen voran; in Straubing, wo zeitweise Herzog Albrecht regierte, der später in den Niederlanden nachfolgte – ein Jahrhundert

Links:
Kraftvolle Arkaden trennen die Schiffe im spätgotischen Hallenraum der Pfarrkirche St. Johann

Rechts:
Johannes der Evangelist (Meister der Blutenburger Apostel)

lang wittelsbachischer Besitz –, beginnt der Bau von St. Jakob ebenfalls um 1400. Es entsteht eine breite, ausladende Hallenkirche, ohne die Leichtigkeit von St. Martin, aber kraftvoll und von ruhiger Bestimmtheit. In Ingolstadt baut sich Herzog Ludwig der Gebartete nach französischen und schwäbischen Vorbildern seine Begräbniskirche. Die Liebfrauenkirche in München folgt erst 1468, mit einem Baugedanken, der vielleicht nüchterner ist als der verspielte Ingolstädter Grundriß oder die aufschwingende Linienführung von St. Martin, strenger und sachlicher, aber durch die Kühnheit der Außenmaße noch majestätischer.

Begonnen 1410, wird 1464 St. Johann in Erding eingeweiht, ein halbes Jahrhundert wohl nach der Kirchweihe von St. Martin. Der wuchtige Bau scheint wenig mit einem solchen Vorbild zu tun zu haben, ganz anders als die Bauten im Landshuter Einflußbereich sonst. Auf Erding scheint eher ein-

Chorbogen-Kruzifixus (Hans Leinberger, um 1525)

49

**Oben:
Mit Miesbacher Stuck dekorierte man 1688/89 das Gewölbe der Hl.-Geist-Spitalkirche (Aufnahme von 1984, vor der letzten Renovierung)**

Erdings Wahrzeichen, der Schöne Turm, und der Stadtturm

gewirkt zu haben der schwere, gewaltige gotische Neubau der Wasserburger St.-Jakobs-Kirche, der 1410 auf romanischem Grundriß aufgeführt wurde, begonnen von Hans von Burghausen, von Stefan Krumenauer im wesentlichen in seiner heutigen Gestalt bestimmt. Die Kirche ist weiträumiger, durch die gewählten Proportionen erscheint sie niedriger, als sie wirklich ist. Wie die unteren Geschosse des Erdinger Stadtturms vermuten lassen, die noch von romanischen Formelementen bestimmt zu sein scheinen, hat auch die Kirche selbst noch eine ältere Vorläuferin gehabt. Der Grundriß mag davon beeinflußt sein, das weite Mittelschiff, aber auch die wuchtigen Pfeiler. So wirkt der hochragende Bau im Inneren ebenfalls niedriger, als er ist. Es fehlt freilich auch das reichfigurierte Gewölbe des 15. Jahrhunderts, das man sich wohl ähnlich vorstellen muß wie das zu Landshut oder Braunau; es hätte der Decke größere Leichtigkeit verliehen. Wenigstens sind trotz der Barockisierung die ernsten, ausdrucksvollen Figuren des hl. Johannes des Täufers und des Evangelisten auf uns gekommen, die das linke Seitenschiff beherrschende Schöne Maria, der hl. Sebastian, Anna Selbdritt, vor allem das gewaltige Leinberger-Kruzifix von 1525, das in seiner erdrückenden Realistik nur erträglich wird, wenn es hoch vom Triumphbogen aus die Beter mahnt.

Wie fast alle die Städte Niederbayerns, von denen schon die Rede war, hatte auch Erding neben der großen, repräsentativen Bürgerkirche seine Liebfrauenkirche, die noch ins 14. Jahrhundert zurückreicht, eine dreischiffige Pfeilerkirche mit schlankem, quadratischem Turm und hohem, spätgotischem achteckigen Aufbau auf der Südseite. 1666 wurde auch sie modernisiert und erhielt die „große barocke Zwiebelkuppel, die das Bild des Schrannenplatzes sehr wirkungsvoll bestimmt" (Dehio). Auch die zum Bürgerspital gehörende Kirche, die ebenfalls 1688 barockisiert wurde, entstand

Links:
Giebel am Schrannenplatz, links das ehemalige Haus des Gerichtsschreibers

Rechts:
St. Johannes Evangelist von Jorhan d.Ä., Hauskapelle des Gerichtsschreibers Franz Gschaider, 1761

um diese Zeit, so daß fortan deren Türmchen, zusammen mit dem wuchtigen Stadtturm, dem schlanken Turm der Frauenkirche und dem 1408 erstmals erwähnten Landshuter Tor, der Stadtsilhouette ihre unverwechselbare Linie gab. Auf dem Stich von Merian von 1644 ist auch noch, fast ein Fremdkörper, der gotische Spitzturm von St. Paul zu sehen; der Neubau von Hans Kogler stammt von 1699. Der Zehnt-Stadel mit dem Zehetmair stand bereits außerhalb des Burgfriedens.

Die majestätische Kirche St. Johann, das schlanke Gegenstück dazu, die Liebfrauenkirche bestimmten aber nicht allein das eindrucksvolle Stadtbild, das sich dem Betrachter von Süden aus bot. Die Marktkirche und das Türmchen von Hl. Geist bildeten vielmehr die Brücke zum Landshuter Tor, während, gleichsam als Gegengewicht zum hoch aufragenden Stadtturm, die zwei Türme der Herzogsburg den Westteil der Stadtsilhouette beherrschten. Die übrigen Befestigungstürme der Stadt treten dagegen kaum hervor, abgesehen von den Tortürmen; sie krönen indessen die Mauer als unverzichtbare Bestandteile, mehr von Bedeutung als architektonische Stilmittel denn als wirksame Bollwerke. Ein solches war auch der Schöne Turm nicht, der das Landshuter Tor überhöhte; 1650 wurde er erstmals so genannt. Die Kuppel, die heute das vertraute Bild bestimmt, wurde erst von 1660 bis 1664 aufgesetzt, durch Kaspar Kogler, der kurz vorher auch den Stadtturm eingedeckt hatte. Die Kuppel des Schönen Turmes korrespondiert damit, das war zweifellos beabsichtigt, unmittelbar dem Stadtturm, wie er denn, wie es Gerhard Koschade formuliert, auch insgesamt „an architektonischem Schmuck den Lisenen und Friesen des großen Turmes Widerpart" bietet. Das Landshuter Tor ist, das verrät eine weitere Beobachtung, auch deshalb so nachdrücklich unter den übrigen Toren herausgehoben, weil damit der Hauptplatz

Links:
Widnmann-Palais in der Langen Zeile

Rechts:
Erker am alten Glaserwirt. – Nach einem weitgehenden Neubau des Gebäudes ein fast schon historisches Bild

als „geborgener und bergender Raum" „gleichsam zwischen dem Torturm und dem Stadtturm als zwei Polen eingespannt" ist. Die drei Türme, auch jener der Liebfrauenkirche, betonen damit optisch die zentrale Funktion des Schrannenplatzes so auffallend, daß man nur eine planmäßige Anlage dafür als verantwortlich annehmen kann.

Das ist nicht zuweit hergeholt, wir kennen auch bei mittelalterlichen Großstädten wie Köln, Mainz, Regensburg städtebauliche Vorschriften, die eindeutig das Bestreben des Rates dokumentieren, der Silhouette der Stadt den Gesamteindruck eines Kunstwerks ganz besonderer Art zu vermitteln. Hans Dachs sieht in der bewußt angestrebten Wirkung des Erdinger Stadtbildes ebenfalls den Ausdruck des Selbstverständnisses der Stadt; vor allem in der Mauer und in den Türmen erblickt er „das architektonische Band, das die Anhäufung von Baulichkeiten, aus denen eine Stadt besteht, zu einem organischen Gebilde zusammenfaßte, das die heute zerspaltene Silhouette zum geschlossenen Bild rundete".

Bemerkenswert war indessen – und ist es weiterhin noch – auch das Bild, das Straßen und Plätze boten, in den breit ausladenden Ausmaßen hingeordnet auf den Stadtturm als zentralen Richtpunkt, eindrucksvoll durch die Geschlossenheit der Häuserfronten. Nur das Rathaus, 1661 durch Kaspar Kogler neu errichtet, trat seiner Bedeutung entsprechend hervor – es mußte im 19. Jahrhundert dem Schrannenhaus weichen. Am Schrannenplatz war architektonisch besonders markant auch noch das „Trindlhaus", einst das Wohnhaus des Gerichtsschreibers Franz Gschaider, ein hohes, barockes Bürgerhaus mit seiner Hauskapelle von 1685. Ein Prunkstück ist vor allem der Grafenstock, erbaut von J.W. von Preysing, nach dem Brand von 1648 durch seinen Sohn neu erbaut, später im Besitz der Grafen von Seinsheim. Dieses breit ausladende, bei aller barocken Erstreckung in seinen Proportionen, mit den sparsam aufgesetzten Zierbändern und den zurückhaltend geformten Fensterstürzen durchaus harmonische Bauwerk beherrscht bis heute die Mitte des großen Marktplatzes – ein weiteres Wahrzeichen der Stadt Erding. 1825 erst konnte es die Stadt erwerben. Bescheidenere Akzente setzten in der Langen Zeile das Stadtpalais des Erdinger Pflegskommissärs Johann Nepomuk Joseph Freiherr von Widnmann, 1782 erbaut. Vorher waren an dieser Stelle drei Häuser gestanden, die schon sein Vorfahre, der Erdinger Gerichtsschreiber Friedrich Widnmann, nach dem Brand von 1648 angekauft hatte. 1807 tauschte es der Neffe des Erbauers gegen ein Gebäude bei Hl. Blut. Mit diesem Palais war die Rechtsstellung eines adeligen Sitzes verbunden. Gegenüber befand sich der Propsteihof des Klosters Ebersberg, der lange Zeit auch der Sitz des Erdinger Pflegskommissärs war, ehe es seit 1803 das Rentamt beherbergte, im späten 19. Jahrhundert dann das Mädchenschulhaus. Wie Erdinger Bürgerhäuser vor dem verheerenden Stadtbrand von 1648 ausgesehen haben mögen, kann man heute noch am Beispiel des Glaserwirts ablesen, des ehemaligen Gasthauses Gottmann in der Langen Zeile, das damals verschont blieb. Die äußere Münchner Straße wurde beherrscht vom Palais Rivera, wahrscheinlich einem Bau von Giovanni Antonio Viscardi, auf der Westseite und dem gegenüberliegenden 1694 bis 1697 erbauten Kapuzinerkloster mit seiner Salvatorkirche.

Welchen Eindruck die Stadt Erding auf durchreisende Fremde zum Ausgang des 18. Jahrhunderts machte, kann man bei Westenrieder nachlesen, der schreibt: „Gegenwärtig hat das Städtchen ein recht sehr schönes, niedliches und erfrischendes Ansehen. Es zählet vier wohlgeordnete und geräumige Hauptgassen, hat einen schönen, verhältnismäßig großen Plaz, zwar keine Palläste, aber lauter von gebacknen Steinen aufgeführte, einige sogar etwas prächtige, größtentheils aber sehr nette Häuser, welche, nebst einem vorzüglich gutem Pflaster, das überaus reinlich gehalten wird, einen rührenden Anblick, und den angenehmsten Beweis eines zwar nicht üppigen, aber doch zur Verschönerung des Lebens hinlänglichen Wohlstandes geben, dessen man dann auch auf den zufriednen, gesunden, und, ich möchte sagen, altbaierischen Gesichtern der Einwohner beym ersten Anblick gewahr wird."

Giovanni Antonio Viscardi gilt als der Schöpfer des Rivera-Palais. Bürgerliches Giebelhaus und antikischer Dreiecksgiebel sind an der Fassade in Einklang gebracht

53

Erdings überörtliche Bedeutung (1250–1800)

Die Stadt als Wirtschaftskörper

Überregionale Bedeutung besaß Erding in der frühen Neuzeit vor allem auf dem Gebiet der Wirtschaft. Die Marktfunktion der Stadt bedingte ein umfassendes Angebot auf allen Sektoren von Handel und Gewerbe, auch und vor allem im Dienstleistungsbereich. Der generelle Vorzug der städtischen Wirtschaft bestand in der Arbeitsteilung, sie machte aber die Stadt auch abhängig vom Umland, da sie die erforderlichen Nahrungsmittel nicht selbst produzieren konnte. War das landwirtschaftlich genutzte Hinterland fruchtbar, wie das Erdinger Gäu, war also der Bauer wohlhabend, gar reich – im 16. Jahrhundert war das lange Zeit der Fall –, war es auch um die gewerbetreibende Stadt gut bestellt. Selbst in weniger glücklichen Zeiten bedingte der hohe Anteil der Landwirtschaft in Bayern an der Gesamtwirtschaft weitgehende Stabilität; sie bedeutete für die Stadtbewohner ein hinreichendes Auskommen, Kleidung und Werkzeug brauchte der Bauer immer. Katastrophen freilich wie die Schwedenjahre des Dreißigjährigen Krieges oder die Hungersnöte der siebziger Jahre des 18. Jahrhunderts entzogen sich jeder noch so rationalen Vorsorge.

Stadtgründungen des deutschen Mittelalters sind Sache eines Stadtherrn und werden selbstverständlich auch in seinem Interesse vorgenommen. Als Stadtherr hatte er seinen Anteil an der von den Bürgern eingehobenen Stadtsteuer, 80 Pfund, wie gesagt von 210. Das war eine regelmäßige Einnahme, während die Abgaben, die vom Markt und vom Zoll abfielen, vom Zustrom der Händler abhingen. Daß die Zollstätte nicht umgangen werden konnte, dafür sorgte der vom Herzog verfügte Straßenzwang; die Trasse etwa der alten Römerstraße wurde von Pretzen ab an das Haager Tor umgeleitet, statt direkt nach Langengeisling weiterzuführen. Ähnlich war es bei der Freisinger Straße. Die Zolleinkünfte waren durchaus lukrativ, wie der Verkauf des Vitztumamts zu Landshut, dazu Gericht und Marktsteuer zu Erding um 3700 Gulden 1393 an die Fraunberger zu Fraunberg bezeugt. Einkünfte erbrachte der Zoll auf eine Reihe von Handelsgütern wie Getreide, Wolle, Leinen und Felle sowie Vieh an der Erdinger Zollstätte, der von fremden Händlern erhoben wurde – wenn sie nur durch die Stadt gingen, waren Salz und Wein davon befreit. Allerdings mußten die durchgeführten Waren erst in der Stadt zum Verkauf angeboten werden, bevor sie weiterbefördert werden durften. Dabei hatten die Erdinger Bürger ein Vorkaufsrecht. Auch im Bereich der gesamten Bannmeile um die Stadt durfte nichts ohne Entrichtung des Marktzolls verkauft werden, wie ein herzogliches Privileg von 1393 bekundet. Aber auch von den Erdinger Wirten, Bäckern und Metzgern wurde zweimal im Jahr ein Zoll von 9 Münchner Pfennigen an der Brücke erhoben; sie waren es ja, die von den Marktbesuchern am meisten profitierten. Vom Markt – nicht vom täglichen Markt oder von den zwei Wochenmärkten auf dem Rindermarkt, Saumarkt und Schrannen-

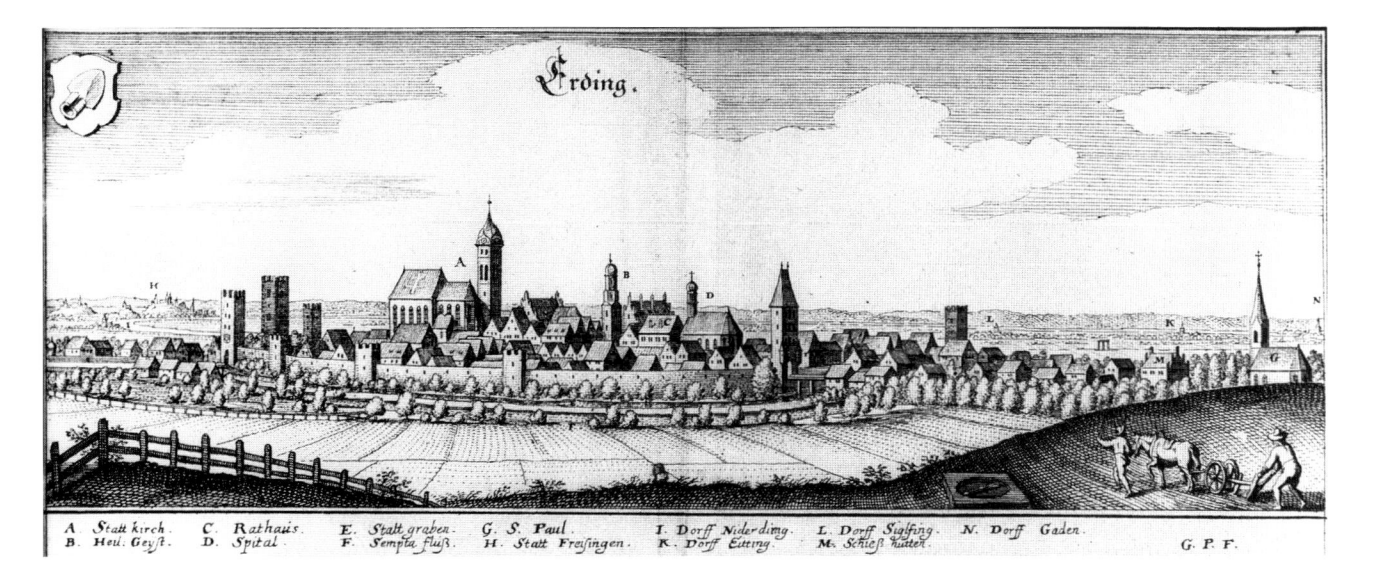

A. Statt kirch. C. Rathaus. E. Statt graben. G. S. Paul. I. Dorff Niderding. L. Dorff Sigfing. N. Dorff Gaden.
B. Heil. Geyst. D. Spital. F. Sempta fluß. H. Statt Freysingen. K. Dorff Etting. M. Schieß hütten.

G. P. F.

Erding 1644 (aus Merians „Topographia Bavariae")

platz, auf dem die Bürger selbst ihre Waren anboten, sondern von den sechs Jahrmärkten, die zu bestimmten Tagen stattfanden – hatte der Landesherr den meisten Gewinn. Der älteste bekannte Markt war der Peter-und-Pauls-Markt, der seit dem 14. Jahrhundert bezeugt ist. Der bekannteste war der Singldinger Markt, der zunächst an der alten Römerstraße von Sempt nach Langengeisling stattfand, aber 1435 nach Erding, in die Lange Zeile, verlegt wurde; noch in den dreißiger Jahren fand er, im Sommer, unter dem alten Namen statt. Das Recht zur Abhaltung eines Jahrmarkts wurde durch herzogliches Privileg verliehen, der Marktzoll aber ging an den Herzog. Dieser sorgte allerdings auch durch Geleitsbriefe und den Marktschutz für die Sicherheit der fremden Kaufleute. Ein Geleitsbrief von 1435 ist noch erhalten. Der Herzog garantierte durch verstärkten Rechtsschutz, das heißt durch erhöhtes Strafmaß, auch für drei Tage den Marktfrieden. Unmittelbar dem Unterhalt der Straßen und Plätze der Stadt diente der wiederholt (so 1482 bzw. 1769) verliehene Pflasterzoll.

Dem Landesherrn wie den Bürgern der Stadt, aber auch den Bauern im weiten Umland kam der jeden Donnerstag abgehaltene Getreidemarkt zugute, die sogenannte Getreideschranne, die auf dem Platz abgehalten wurde, der den wöchentlichen Gerichtstagen vor der Schranne des Landrichters diente. Die Getreideschranne, die zweitgrößte im Herzogtum, war nach Lorenz Westenrieder (1789) „für die Bürger von Erding der ergibigste Nahrungszweig". An den Schrannentagen war der ganze Platz bis zum Tor voller Säcke, die oft schon am Abend angeliefert wurden. Erding, die letzte Stadt der reichen Korngebiete Niederbayerns auf dem Weg nach München, war der natürliche Marktplatz vor allem für die Bauern des Umlandes. Der Getreidehandel war aber nicht nur für den lokalen Markt von Bedeutung, Getreide war der wichtigste Exportartikel Bayerns, es ging vor allem in das Gebirge. Das wichtigste Zentrum für den Getreidehandel war München; hier wurden auf der Schranne im 18. Jahrhundert im Durchschnitt ca. 2 Millionen Gulden umgesetzt. Dann folgte Erding mit etwa 700 000, Landsberg am Lech mit 500 000, Aichach mit ca. 250 000. Insgesamt gab es 18 Schrannenorte in Bayern. Auch nach Erding kamen Aufkäufer aus den getreidearmen bayerischen Landgerichten, aus Österreich und aus Tirol. Das Vorkaufsrecht hatten aber die Erdinger Bürger. Den Münchner Getreidehändlern war

55

Die Erdinger Schranne war auch im nächsten Jahrhundert noch von Bedeutung.

Westenrieder hatte darauf hingewiesen, daß es vor allem die Erdinger Brauer, Wirte und Bäcker waren, die vom wöchentlichen Getreidemarkt profitierten und dabei „ziemlich wohlhabend, wenngleich nicht übermäßig reich" wurden. An Brauereien und Wirten war denn auch in Erding kein Mangel. Westenrieder zählt sechs Brauer und neben drei „Branntweinzäpflern" elf Wirte; bei diesen waren aber damals gerade „vier Gerechtigkeiten nicht besetzt". 1607 gab es drei Bierbrauer in Erding; wir wissen davon, weil der Brauer Georg Seitz um Genehmigung auch des Weißbierausschankes einkam und auf Protest der übrigen Brauereien allen die gleiche Genehmigung erteilt wurde. Das war durchaus im Interesse des Herzogs, der den Aufschlag auf Weißbier gänzlich für die Hofkammer beanspruchte. Bei Wolfgang Johannes Bekh kann man nachlesen, welches Angebot die Besucher der Schranne rund um den Platz erwartete, beim Jungbräu, beim Trindl oder Greißl, beim Klösterl oder in der Post.

Unmittelbar mit der Schranne zu tun hatten die zwei Schrannenmeister und 41 bis 50 Schrannenknechte. Auch als Arbeitgeber für Handwerker aller Art kamen die Schrannenbesucher in Betracht. Es gab in Erding vom 16. bis zum 18. Jahrhundert eine Vielzahl von Gewerben, 84 werden einmal gezählt, nicht nur Schreiner, Zimmermeister, Steinmetze, Maler, Müller, sondern auch Säckler, Gürtler, Borstenmacher, Büchsenmacher, Kammacher, Geschmeidemacher, Uhrmacher, Nadler, Nagelschmiede, Seifensieder, Lebzelter, Branntweinbrenner und Metgeber, Metzger, Schuster, Schlosser, Sattler, es gab, nachgewiesen seit 1690, eine Apotheke, und es gab acht Krämer. Erdinger Bürger waren aber auch am Salzhandel beteiligt, wenngleich ihre Konkurrenten in Rosenheim, Traunstein, Wasserburg, Landsberg und in München von weit größerer Bedeutung waren.

Über Jahrhunderte wurde vor dem Alten Rathaus auf dem Schrannenplatz der wöchentliche Getreidemarkt abgehalten (Fotografie, um 1860)

die Erdinger Schranne ein Dorn im Auge; 1757 versuchten sie ihre Aufhebung zu erreichen, aber Kurfürst Max III. Joseph, als er durch Erding nach Landshut fuhr und von den Erdinger Schulkindern kniefällig bestürmt wurde, lehnte diesen Vorstoß ab.

Geldbüchse der Bäcker aus dem Jahr 1697

Zunfttruhe der Schlosser und Uhrmacher von 1654

Eine führende Position im Herzogtum Bayern nahmen auch die Erdinger Tuchwalker oder Loderer ein. Sie sind seit der ersten Hälfte des 15. Jahrhunderts bezeugt; ihre Produkte, grober, widerstandsfähiger Loden, war begehrt in Bayern, Tirol, Oberitalien, in Österreich bis nach Siebenbürgen. In ganz Bayern gab es vor 1650 etwa 900 Tuchmacher, 116 in München, ca. 100 in Ingolstadt; in Erding finden wir bis zum Dreißigjährigen Krieg 56 Loderermeister, um die Mitte des 18. Jahrhunderts sogar 77 Werkstätten. Dann freilich schwanden die Loderer langsam dahin. Die Rohstoffe wurden teurer, mit der billigen schlechten Wolle sank die Qualität des Lodens, es fehlten Verleger und Kapital; vor allem aber war es der „Stromm der Mode", wie Westenrieder sagt, der den Niedergang bewirkte. Nicht einmal die Loderer selbst konnten diesem Strom widerstehen; Westenrieder sagt von ihnen, daß sie „ihre eigenen Waaren verschmähen" und statt dessen feine Tuche kauften. 1470 erließ Herzog Ludwig der Reiche die Zunftordnung für die Loderer.

Von 1401 existieren Zunftbriefe der Leinweber, von 1735 gibt es für die Maurer Zunftartikel. Die Zünfte und Innungen spielten bis ins 19. Jahrhundert hinein, bis zur Auflösung der Zünfte 1825, ihre große Rolle in Überwachung der Ausbildung der Handwerker durch die Vornahme von Gesellen- und Meisterprüfungen, in der

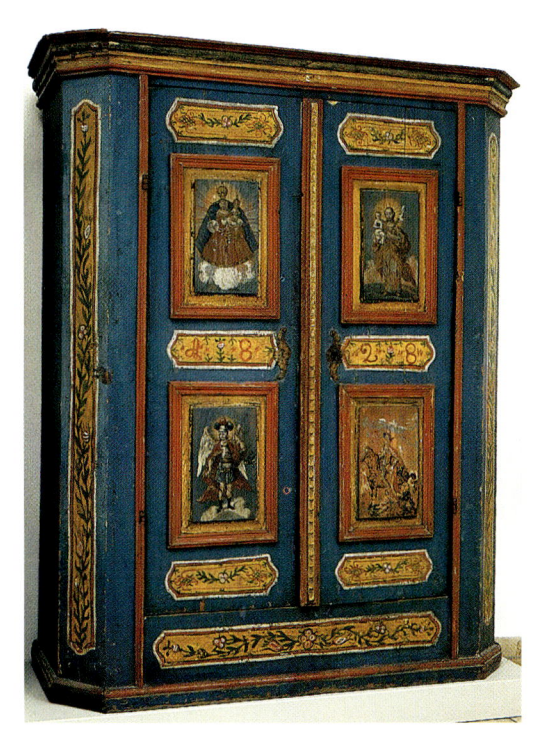

Schrank der Erdinger Kistlerwerkstatt Seehuber (1828)

Handwerkstafel der Loden- und Tuchmachermeister (1822)

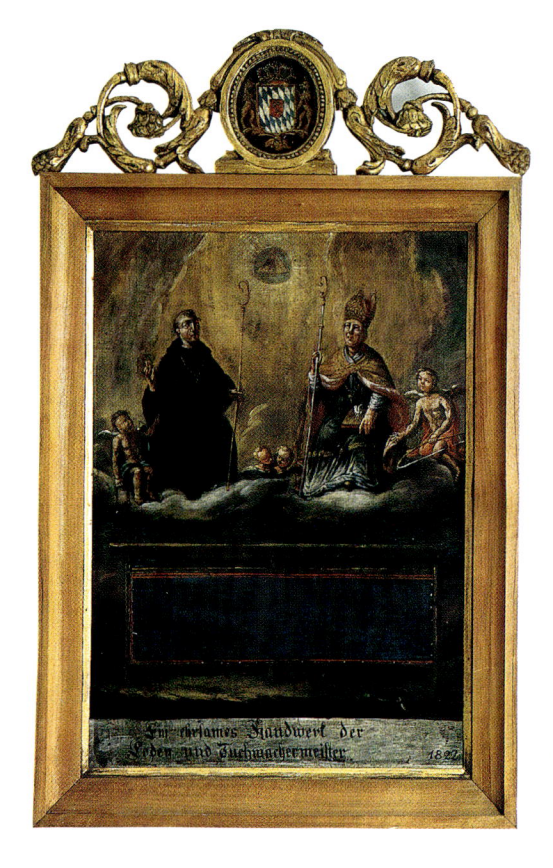

Warenmarken mit dem Signum der Pflugschar zur Kennzeichnung von Loden

Kontrolle der Warenqualität, der Preise, Maße und Gewichte. Aber auch im kirchlichen Bereich waren die Zünfte von außerordentlicher Bedeutung, durch Bildung von Bruderschaften mit ihren Meßstiftungen, Jahrtagen und eigenen Altären, mit Festen und Bittgängen.

Wie sich am Niedergang der Bedeutung der Erdinger Loderer zeigte, war der Kulturwandel, der sich im späten 18. Jahrhundert abzeichnete, auch für das Wirtschaftsleben von allgemeiner Bedeutung, wenngleich man sich vor Überschätzung hüten sollte. Das Aufkommen der Manufakturen mit ihrer Mechanisierung der Arbeitsvorgänge und der Massenproduktion an Gebrauchsgütern steht nur in der Wirtschaftstheorie der Epoche im Vordergrund; in Wirklichkeit betrug damals ihr Anteil am gesamten Sozialprodukt nicht einmal ein Prozent. Reformansätze auch anderer Art hatten ebenfalls vor 1800 keine durchgreifende Wirkung, so das Kulturmandat von 1722/23, das die Kultivierung des Erdinger Mooses anregte. Erst gegen Ende des Jahrhunderts waren die Bemühungen des Erdinger Schulinspektors J. A. Pesl um die Kultivierung wenigstens jenes Bereiches des Erdinger Mooses, etwa 2000 Tagwerk, welcher der Stadt selbst gehörte, erfolgreich. Tiefgreifende Reformen brachte aber erst das neue Jahrhundert.

Die künstlerische Ausstrahlung der Stadt

In einem „kulturgeographischen Vergleich" zwischen den beiden Nachbarstädten Freising und Erding macht Peter Steiner eine Feststellung, die nur den Kenner nicht erstaunt, die Feststellung nämlich, daß sich noch heute das Erdinger Land „in seiner Architektur und seiner Kirchenkunst als eine eigene bayerische Kulturlandschaft darbietet". Das will heißen – da ja Kultur stets Ergebnis schöpferischer Formung durch den Menschen bedeutet –, daß diese Landschaft als das Ergebnis eines bewußten schöpferischen Prozesses betrachtet werden kann, der sich in einer historischen Epoche von mehr oder weniger langer Dauer abgespielt haben kann, und der Wirkung zeitigte, vielleicht über Jahrhunderte hin. Ein solcher Prozeß ist kaum je das Werk einzelner noch so bedeutender Gestalten; kulturelle Schöpfungen von säkularem Ausmaß entstehen nur, wenn der einzelne von einer Gemeinschaft getragen ist und sich in einer Tradition weiß, Generationen ihr Selbstverständnis und ihre innere Sicherheit verleiht. Das Kurfürstentum Bayern erlebte eine solche Phase höchster künstlerischer Entfaltung in dem Jahrhundert zwischen dem Wiederaufbau nach dem Dreißigjährigen Krieg und dem Einbruch des Rationalismus auch in die Kunst, dem Sieg der Aufklärung. Dieses Jahrhundert bayerischer Kunstgeschichte gehört zu den größten Epochen menschlicher Gestaltungskraft schlechthin. Die eigene Prägung, von welcher P. Steiner spricht, welche die architektonischen Schöpfungen dieser Epoche im Erdinger Land aufweisen, hat sowohl persönliche wie allgemeine Voraussetzungen. Ihre Träger finden wir in einer Dynastie, wie man sagen könnte, von Baumeistern, wie es damals in Bayern mehrere gab; aber nicht weniger von Bedeutung war zweifellos auch die Bereitschaft der Stadtgemeinde, den großen künstlerischen Aufbruch des Jahrhunderts mitzutragen.

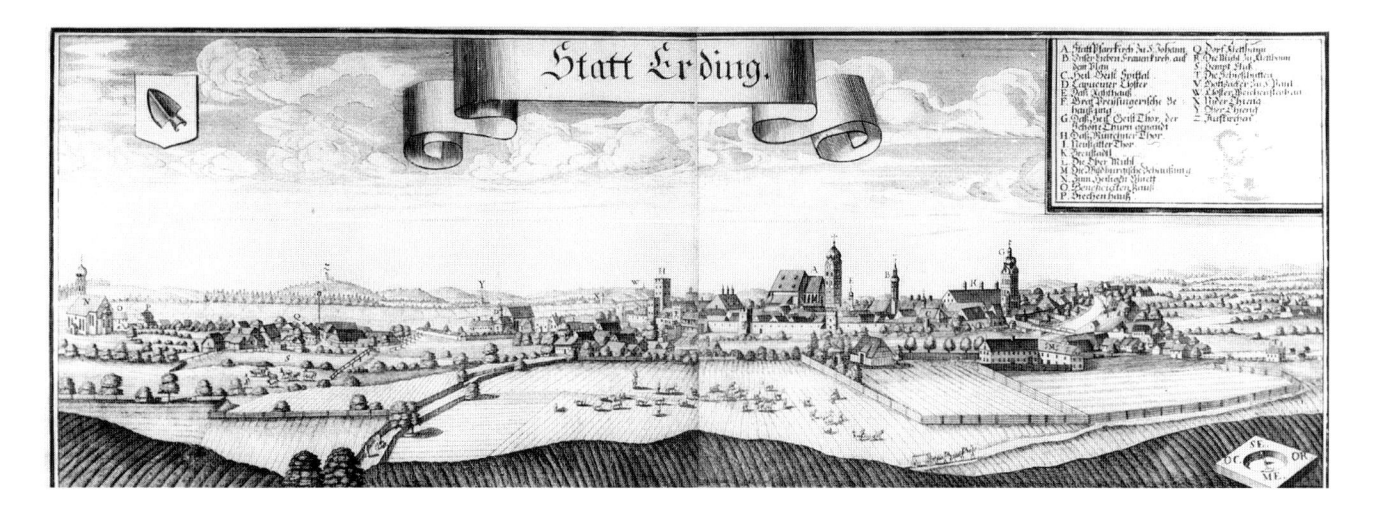

Die Baumeisterfamilie Kogler-Lethner, die ein ganzes Jahrhundert hindurch landauf, landab neue Kirchen hinstellte (an die 100 sollen es gewesen sein), weist keine Genies auf wie die Brüder Asam, wie Dominikus Zimmermann oder Johann Michael Fischer. Der Kunstwille, der hier zum Ausdruck kommt, war bescheidener, angemessen dem zweckbetonten Auftrag im ländlichen Raum – es gab weit und breit kein Kloster, das so hohe Ansprüche gestellt hätte wie Dießen, Rott am Inn oder Schäftlarn, es gab keinen Adel von überregionalem Rang in diesem Raum. P. Steiner nennt ihre Kirchen im einzelnen „stattliche, aber durchschnittliche Barockbauten"; aber er stellt auch fest, daß sie eine „dichte Gruppe, die in Altbayern ihresgleichen nicht hat", bilden, und sie haben tatsächlich mit ihren Werken den gesamten Raum geprägt.

Der erste Stadtmaurermeister aus der Familie Kogler, Kaspar, war 1649 aus Schliersee zugewandert; ihm kam die undankbare Aufgabe des schlichten Wiederaufbaus nach der großen Katastrophe zu. Er starb bereits 1664. Der Stadtturm erhielt durch ihn seine barocke Bekrönung, auch die Neugestaltung des „Schönen Turms" ist sein Werk, damit gelang ihm die für das Stadtbild entscheidende neue Akzentsetzung. Auch seinem Neffen Hans († 1702) war es vergönnt, Schöpfungen mit eigener Prägung zu gestalten. 1666/68 erfolgte durch ihn die Restaurierung der Kirche St. Johann, die 1634 schwer gelitten hatte. Einen Eindruck von der prachtvollen barocken Innenausstattung mit Miesbacher Stuckrahmenwerk, nach Entwürfen des Erdinger Bildschnitzers Philipp Vogler, vermittelt eine kolorierte Zeichnung von Johann Diermayer (1836). Ein Meisterstück ist auch der Neubau der Wallfahrtskirche Hl. Blut 1675, mit seinem stark erhöhten Chor über der Krypta, dem Ort des Hostienwunders und der mächtigen Westempore. Das Hochaltarblatt stammt von J. A. Wolff. Auch der Neubau der Pfarrkirche St. Georg zu Finsing (1688), zu Niederneuching (1690/93) und der Friedhofskirche St. Paul (1699) ist von Hans Kogler, ebenfalls der Umbau von Langengeisling (1677) und die Barockisierung von Hl. Geist (1688).

Erding im Jahr 1711 (Kupferstich von Michael Wening)

Links:
Entwurfszeichnung für den barocken Hochaltar in St. Johann (1690)

Rechts:
St. Martin in Indorf (Zeichnung von Anton Beil)

Bemerkenswert ist die Turmform seiner Neubauten: schlank, mit harmonischer Zwiebelkuppel für Hl. Blut, bei Hl. Geist mit schlankem, auf dem Langhaus aufgesetzten Türmchen und mit nur schwach ausgeformter, direkt auf das Obergeschoß aufgesetzter Zwiebel, während bei St. Paul der Turm selbst nur wenig über das Langhaus erhoben, die Zwiebel dagegen kräftig modelliert ist, durch einen tiefen Einschnitt deutlich vom Turm abgehoben, ein unmittelbares Abbild der Zwiebel der Erdinger Liebfrauenkirche.

Es ist eigentümlich, daß Hans Kogler keiner seiner Kirchenbauten die Haubenform des Stadtturms gegeben hat. Sein Sohn Anton dagegen, von dem, wie J. Blatner mit neuen Zuweisungen zeigt, ein großer Teil der Kirchen im Umkreis von Erding stammt, Altenerding, Langengeisling, Itzling, Pretzen, Indorf, Reichenkirchen, Bockhorn, Tading, Oberbierbach, St. Coloman, die Pfarrkirche zu Wartenberg, lehnt sich in der Formgebung des jeweiligen Turmabschlusses immer wieder deutlich an das Vorbild des Schönen Turmes an; die Haube wird dabei breit ausgeformt oder zu einem glockenförmigen Helm abgewandelt, mit kraftvollem, zwiebelförmigem oder knollenförmigem Aufsatz. Die schlanke Turmform seines Vaters wandelt sich zu massiver Behäbigkeit, das weit reicher gegliederte Langhaus, jeweils mit hohem Chorbogen, weckt nicht selten einen geradezu majestätischen Eindruck. Altenerding (1724), Langengeisling (1709), Reichenkirchen (1725), auch die Filialkirche zu Itzling (1716) stehen hinter diesen Bauten nicht zurück. Der Neubau zu Altenerding allerdings darf dabei als besonders geglückt herausgehoben werden, mit der durch einfallsreichen Wechsel von Fenstern und Pilastern erreichten rhythmischen Gliederung der Außenwände, der Leichtigkeit des lichtdurchfluteten Innenraumes. Für die elegante Innenausstattung ist allerdings die nächste Generation verantwortlich, die von den hervorragendsten Künstlern stammt, die Fresken vom Münchner Maler Martin Heigl, einem Schüler von Johann Baptist Zimmermann, der Hochalter von Matthias Fackler aus Dorfen, einem gebürtigen Erdinger, die Plastiken mit der berühmten Schiffskanzel von Christian Jorhan d. Ä. Ein stattlicher Rokokobau ist auch die Pfarrkirche St. Martin zu Langengeisling; auch hier stammen die Fresken von Heigl, die Bildwerke von Jorhan. Die Kirche St. Vitus zu Itzling fällt besonders auf durch die Gestaltung des Altarraums mit indirekter Lichtführung wie in Weltenburg. Ein Schmuckstück eigener Art ist die 1720 geweihte Schloßkapelle zu Aufhausen, die 1988 ihr jetziger Besitzer, Freiherr von Hammerstein, renovieren ließ. Auch hier ist der Altaraufbau wahrscheinlich ein Werk von Jorhan.

Mit diesem großen Landshuter Meister, dem um die Mitte des 18. Jahrhunderts meistbeschäftigten Bildschnitzer im ganzen Rentamt und darüber hinaus, arbeitete besonders eng der Nachfolger Anton Koglers zusammen, Johann B. Lethner († 1782), sein Palier, der 1730 seine Witwe heiratete. Er stammte aus der Pfarrei Oberwarngau. Bei allen Kirchen um Erding, deren Ausstattung von Jorhan stammt, muß man Lethners Einfluß annehmen, in Altenerding, Langengeisling, Bockhorn, Reichenkirchen, vielleicht auch für Hörgersdorf. Auch die Ausstattung der Pfarrkirche St. Johannes des Täufers zu Aufkirchen mit ihrem weithin sichtbaren, stattlichen Turm und dem hohen, lichthellen Inneren stammt von Jorhan; Lethner errichtete nach der Mitte des 18. Jahrhunderts den Neubau. Derselbe Sachverhalt zeigt sich bei Niederding, einem Bau, der Lethner zugeschrieben wird (1758/59), mit seiner eleganten Schiffskanzel. Weitere Kirchenbauten Lethners sind die eindrucksvolle Kirche beim Einödbauern zu Oppolding mit ihrer graziösen Kanzel (1764), die Kirche St. Martin zu Landersdorf (1761/62), schließlich auch der weiträumige Bau zu Landsham (1758) mit Plastiken von Jorhan; auch der Turm zu Kirchasch und der Turm der Pfarrkirche zu Wartenberg (1763) werden Lethner zugeschrieben. Beteiligt war er wohl auch an der Planung für die Wallfahrtskirche St. Marien

Altenerdinger Hochaltar von Matthias Fackler (1767), Figuralplastik von Christian Jorhan d. Ä., Fassung von Franz Xaver Zellner

Legendäre Totenerweckung durch den hl. Martin, Deckenfresko des Zimmermannschülers Martin Heigl aus dem Jahr 1767 in der Kirche Langengeisling

zu Dorfen (1782) mit Plastiken Jorhans. Auch die Türme Lethners verraten Originalität, die bisweilen auftretende doppelte Zwiebel könnte von Salzburger Einfluß zeugen. Das Hauptwerk des Nachfolgers Lethners, der seine Enkelin heiratete, Matthias Rösler († 1822) aus Wien, der 1799 hochstiftisch freisingischer Baumeister wurde, dann als Oberstadtbaumeister nach München ging, war die Pfarrkirche St. Nikolaus zu Albaching (1790), ein Zentralbau in Nachahmung der Spätwerke von J. M. Fischer. Diese Kirche liegt außerhalb des Landgerichts Erding, sie gehört nach Wasserburg. An dem grandiosen Gemeinschaftswerk der Familie Kogler-Lethner war Rösler nicht mehr beteiligt, der Schaffung einer einmaligen Kirchenlandschaft weit über das ganze Landgericht Erding hin. Vom Rotkreuzberg, vom Heckener Berg oder vom Kirchberg zu Aufkirchen aus kann man diese Kirchenlandschaft mit „ihren stattlichen Türmen und hochaufgereckten Zwiebelkuppeln" (P. Steiner) fast mit einem Blick überschauen, unvergeßlich für jeden, der diesen Anblick einmal erlebt hat.

Daß von Erding solcher Einfluß auf die Gestaltung einer ganzen Region ausstrahlte, war sicherlich kein Zufall, auch wenn die tieferen Kräfte, die dabei als wirksam angesehen werden müssen, noch nicht recht in Erscheinung traten. Ein kunstsinniger Bürgermeister, der auch selbst als Maler tätig war, war der Eisenhändler Friedrich Aurstorffer, von dem der Plan der Stadt Erding von 1668 stammt. Sicher ist, daß die Stadt Erding als Mutterboden für Kunstsinn und Handwerkstüchtigkeit nicht hoch genug eingeschätzt werden kann. Ihre Konkurrenz bekam man auch im benachbarten Freising oft bitter zu spüren. Hier in Erding wuchsen, in kleinerem Maßstab freilich als im Raum um Wessobrunn, die Maler, Kistler, Stukkatoren und Goldschmiede heran, die den Baumeistern zur Hand gingen. Erding war schon im 17. Jahrhundert ein Anziehungspunkt für begabte Künstler. 1656 wurde der aus dem bekannt kunstsinnigen Weilheim stammende Bildhauer Philipp Vogel Bürger zu Erding; er wirkte mit bei der Barockausstattung von St. Johann, in Maria Thalheim, in Reichenkirchen und anderwärts. Von Erding aus war auch der Bildhauer Josef Senes tätig, für St. Paul (1699), Riding, Tading (1721). Die Erdinger Bildhauergerechtigkeit hatte dann Johann Michael Hiernle inne, der die Kanzel in Thalheim fertigte, neben weiteren Werken in Langengeisling, Wörth, Aufkirchen und Angerskirchen. Ihm folgte Franz Joseph Fröhlich, der freilich immer wieder dem Genie Jorhans weichen mußte. Aus Erding stammte, wie schon gesagt, der Altarschreiner Matthias Fackler, der 1792 in Dorfen starb, ein Sohn des Löfflers Johann Fackler. Er schuf u. a. die Altäre zu Altenerding, Maria Thalheim, Langenpreising und Aufkirchen, nach seinem Entwurf schnitzte Jorhan die Schiffskanzel zu Altenerding. Weniger bedeutend als Fackler, der in Dorfen wirkte, war der Erdinger Schreinermeister Peter Riester, von dem aber ebenfalls zahlreiche Altäre im Landgericht und außerhalb stammen; Jorhan zog ihn ebenfalls zur Mitarbeit heran. In Thalheim waren auch der Kistler Johann Michael Eckart und der Maler Johann Michael Rieder tätig, die aus Erding stammten. Rieder malte auch das ausdrucksstarke Votivbild von 1736 mit der Ansicht der Stadt. Als Stukkator in St. Marien in Dorfen begegnet der Erdinger Franz Schußmann († 1802), für Jorhan arbeiteten als Faßmaler und Vergolder Franz Xaver Zellner (1788), der Sohn des „genialen Malers und Faßmalers" (J. Blatner) Georg Andreas Zellner aus Furth i. Wald, ebenfalls Mitarbeiter von Jorhan. Der Sohn ließ sich in Erding nieder und heiratete die Tochter des Erdinger Malers Lorenz Schalk. Gerühmt wird seine originelle Marmorierung, Altarblätter von ihm sind in Oppolding und Wifling, wahrscheinlich auch in Maria Thalheim. Auch Erdinger Künstler waren damit beteiligt an den großen Schöpfungen Jorhans, dessen Figuren Peter Steiner „Höhepunkte des bayerischen Kirchenrokoko" nennt und dem, zusammen mit den Baumeistern aus der Stadt, das Erdinger Land seine einzigartige Prägung als Kunstlandschaft verdankt.

Schule und Bildungswesen – Berühmte Erdinger

Die Blüte des Erdinger Kunsthandwerks, des Erdinger Handwerks überhaupt, hängt zusammen mit der Sorge der Stadt und seiner Ratsherrn für ein vorzügliches Schulwesen schon seit dem ausgehenden Mittelalter. Große Stiftungen, die dieser Sorge Ausdruck geben, stammen von Bürgermeistern wie M. Bachinger, der 1741 1200 Gulden aussetzte, und vom Bürgermeister und Ratsherrn Sebastian Eisenreich; 1706 stiftete auch Korbinian von Prielmayr 10 000 Gulden für den Schulfonds. Schon 1433 wird ein Schulmeister genannt; seit 1582 sind deutsche und lateinische Schulmeister namentlich belegt, die auch den Orgeldienst und den Kirchenchor zu betreuen hatten. Erding steht hier in einer Reihe mit Aibling, Miesbach oder Rosenheim, während Landshut, Wasserburg und Schongau schon im 13. Jahrhundert ihre Schulen besaßen. Die Blütezeit der Erdinger Lateinschule setzte mit der Übernahme der Stadtseelsorge durch die Bartholomäer ein, die auch der Elementarschule durch Einführung von Prüfungen neue Impulse zu geben wußten. Für 1800 ist neben dem Münchner Tor ein Schulhaus mit Lehrerwohnung bezeugt. Westenrieder rühmt den letzten Direktor des Priester- und Waisenhauses zu Hl. Blut Anton Pesl als aufgeschlossenen Pädagogen. Zu den Förderern der Elementarschule gehörten auch der Pflegskommissär Johann Nepomuk Joseph Freiherr von Widnmann und der Gerichtsschreiber Klöckl. Volksschulen sind auch früh bezeugt für Altenerding und Langengeisling.

Die Erdinger Lateinschule muß sich bewährt haben, denn nicht erst seit ihrer Übernahme durch die Bartholomäer, sondern bereits seit 1581 finden wir zahlreiche Erdinger Bürgersöhne und Einwohner unter den Abiturienten des Münchner Jesuitengymnasiums. Bis 1650 ist ihre Zahl mit 25 noch nicht eindrucksvoll, aber von da an studierte im Durchschnitt jedes Jahr ein Erdinger in München, von 1750 bis 1775 betrug die Zahl der Studenten sogar 33, während sie für das letzte Vierteljahrhundert radikal absank, bis auf zwölf. Von Bedeutung war für diesen Rückgang zweifellos die Aufhebung des Jesuitenordens 1773; damit fielen die Freiplätze für bedürftige Gymnasiasten weg. Eine Rolle spielte wohl auch die Hungersnot der 1770er Jahre. Aus dem heutigen Stadtbereich, da auch aus Altham fünf, aus Altenerding drei und Langengeisling ein Student nachzuweisen sind, besuchten bis 1800 188 junge Männer das Gymnasium zu München. Damit liegt Erding weit vor den meisten vergleichbaren bayerischen Städten.

Die sozialgeschichtliche Bedeutung des Münchner Jesuitengymnasiums, das zeigt gerade auch das Erdinger Beispiel, ist kaum zu überschätzen. Zwar ist, außer bei künftigen Geistlichen und Ordensleuten, sehr selten die spätere Laufbahn der Absolventen in der Matrikel angeführt; doch kann man nicht annehmen, daß die Söhne der Erdinger Handwerker, Handwerksgesellen und Arbeiter den väterlichen Beruf weitergeführt hätten – für sie gab es in Erding kein

Fortkommen, sie haben die Stadt zweifellos verlassen. Diese Gruppe war weitaus die zahlreichste; zu ihr gehören, als stärkste Einzelgruppe, auch die 15 Wirtssöhne und die Söhne Erdinger Brauer und Tuchwalker, jeweils sieben in zwei Jahrhunderten. Weniger zahlreich waren die Söhne anderer Erdinger Honoratioren, der Kaufleute, Wachszieher, Getreidehändler. Zu den Ratsfamilien der Todfeiler, Mittermeier, Wimmer, Senser dürften die Absolventen gleichen Namens der Jahrgänge 1627 bis 1765 gehören. Spätere Bürgermeister der Stadt waren Matthias Bachmaier, der Vater des Abts von Benediktbeuern, Absolvent von 1652, und Kaspar Zeidelmayr, erwähnt 1657. Als Söhne Erdinger Gerichtsschreiber werden 1682 Friedrich Hilleprandt aufgeführt, der später Weltpriester wurde, 1694 Franz Josef Eberhard und 1728/29 die Söhne Wolf Christoph Steinhausers, von denen einer Jesuit, der andere Kapuziner wurde. Der Grabstein des Vaters, der 1733 starb, ist noch in St. Johann zu sehen. Auch aus den Familien Kogler und Lethner gingen Geistliche hervor: Joseph L. Lethner, Absolvent 1757, starb 1828 als Pfarrer zu Bockhorn, er stiftete dem Erdinger Krankenhaus 1801 2000 Gulden; Kaspar Lethner (1751) wurde ebenfalls Weltgeistlicher; Franz Kogler (1746), als dessen Vater ein Steinmetz genannt wird, starb 1789 als Bartholomäer zu Erding. Benefiziat in Erding war auch F. A. Zollner (1782), ein Erdinger Bäckerssohn; Pfarrer in Langengeisling wurde der Färberssohn J. Prüninger (1770), einer der Nachfolger von Georg Schenck (1708), der als Bauernsohn von Langengeisling in München studiert hatte. Weltgeistliche wurden von den 188 Erdinger Absolventen des Jesuitengymnasiums insgesamt 60, also fast ein Drittel. Das hängt, da nur sechs von ihnen vor 1647 ihr Studium zu München abgeschlossen hatten, zweifellos mit der Erziehung durch die Bartholomäer zusammen, aber auch mit den günstigen Bedingungen, die für künftige Weltgeistliche das Lyzeum der Jesuiten bot, das bereits 1597/98 als Oberbau des Gymnasiums zur Heranbildung von Theologen eingerichtet worden war. Der Nachwuchs für die Jesuiten selbst kam aus Erding nur spärlich, insgesamt fünf Erdinger Jesuiten waren es von 1618 bis 1790. Von den aus Erding hervorgegangenen Ordensleuten waren zehn Kapuziner, ein Karmeliter, zwei Franziskaner, vier Zisterzienser, davon zwei in Fürstenfeld, drei Augustiner-Chorherren; Erdinger Bürgerssöhne waren unter den Benediktinern zu Oberaltaich, Rott am Inn, Tegernsee, Weihenstephan, Andechs, Benediktbeuern, Weltenburg und Heiligkreuz bei Donauwörth.

Die Kirche bot auch die größten Möglichkeiten zum sozialen Aufstieg für Söhne von Bürgern und Bauern. Das zeigt sich auch bei den Jesuitenschülern aus Erding, nachdem schon 1481 Raphael Neuböck aus Erding als Abt von Oberaltaich, sein Landsmann Jakob Sandtner, Sohn des „Gastgeb" und Bürgermeisters Kaspar Sandtner, 1551 als Abt in Ebersberg genannt wird. Lorenz Aidinger (1615–1669), der Sohn eines Erdinger Tuchwalkers, wurde Dompropst und Generalvikar in Wiener Neustadt; Dominik Senser, der Sohn des Kaufmanns und Bürgermeisters Senser, war als Pater Ignaz von 1691 bis 1696 Abt von Weltenburg, starb allerdings nach seinem Übertritt zum Luthertum in Augsburg. Abt von Heiligkreuz in Donauwörth von 1669 bis 1688 war Andreas Hausmann, dessen Vater ebenfalls Tuchwalker war. Johann Pruner war von 1645 bis 1649 Abt von Weihenstephan, Abt von Oberaltaich von 1758 bis 1771 war Johann Ev. Schifferl. Einige dieser Prälaten, die aus Erding stammten, haben einen Namen auch in der bayerischen Wissenschaftsgeschichte. Pater Magnus Bachinger, der Sohn des Erdinger Bürgermeisters, von 1707 bis 1742 Abt von Benediktbeuern, war ein großer Förderer der Studien seines Mitbruders Karl Meichelbeck, des bedeutendsten bayerischen Geschichtsschreibers seiner Zeit, dessen Historia Frisingensis

(1729/1732) zu den herausragenden Leistungen der Barockhistoriographie in Deutschland überhaupt zählt. Pater Korbinian Gratz war von 1726 bis 1757 Abt von Rott am Inn; von ihm sind Leichenreden und philosophische Thesen bekannt. In der Reihe der zahlreichen bayerischen Äbte, die sich um die Geschichte ihres jeweiligen Klosters verdient gemacht haben, gehört auch der Sohn des Erdinger Schreiners Martin Führer, Gerhard Führer, der von 1796 bis 1803 Abt des Zisterzienserklosters Fürstenfeld war und eine Chronik seines Klosters verfaßte. Zur bischöflichen Würde – Aidinger wird wiederholt fälschlich als Bischof von Wien bezeichnet – stieg nur Friedrich von Erding auf, aus dem Geschlecht des Albrecht von Ardingen (1166/72), das 1420 zuletzt in Kirchötting begegnet; er war von 1376 bis 1396 Bischof von Brixen.

Die Aufstiegschancen im säkularen Bereich, wo Bildung und Wissen noch lange Zeit weniger galten als die Abkunft, waren ungleich geringer, bestenfalls ein juristisches Studium an der Universität eröffnete den Zugang zur Teilhabe an der politischen Macht. Es gab auch Ausnahmen, die eindrucksvollste ist die Laufbahn des Erdinger Taglöhnersohns Korbinian Prielmayr (1643–1707), der 1661 das Münchner Gymnasium verließ, auf das Gymnasium vorbereitet in der Lateinschule der Bartholomäer, zu deren großen Förderern er dann gehörte. Seine Laufbahn zeigt, unter welchen Voraussetzungen der Aufstieg von der untersten sozialen Schicht bis in die politische Führungsgruppe auch damals möglich war. Er war als Geheimer Kriegskanzlei-Direktor einer der wichtigsten Minister Kurfürst Max Emanuels, dem er auch in das Exil folgte. Vom Gymnasium aus war er, ohne Universitätsstudium, direkt in die Geheime Kanzlei übernommen worden, gefördert vom Oberststallmeister und Pfleger von Erding Franz Albert Graf Rechberg, dessen Sohn mit ihm zusammen in der Klasse war. Prielmayr muß außerordentlich tüchtig

Porträt des Abtes Gerhard Führer von Fürstenfeld (Ölbild, 1816)

gewesen sein; er war Vertrauensmann des Vizekanzlers Kaspar von Schmid, des bedeutendsten bayerischen Juristen seiner Zeit, einem der fähigsten bayerischen Staatsmänner, genoß das Vertrauen des Kurfürsten Ferdinand Maria und seines Nachfolgers. 1683 wurde er kurfürstlicher Rat und Geheimer Sekretär, seit 1689 war er Leiter der Geheimen Kanzlei, tätig auch in diplomatischen Diensten, 1694 wurde er nobilitiert. Familienverbindungen, unter anderem mit den in Erding ansässigen Adelsfamilien Widnmann und Zeidlmayr, sicherten auch die zukünftige Stellung der Familie. Sein Sohn Franz Bernhard wurde Kastner des Rentamts Burghausen, der oberste Finanzchef also im östlichen Bayern. Eine vergleichbare Karriere ist von anderen Jesuitenschülern aus Erding nicht bekannt, doch darf man annehmen, daß immer wieder Verbindungen mit adeligen Mitschülern wirksam geworden sind. Söhne aus allen bedeutenden Adelsfamilien Bayerns zählten nämlich zu den Mitschülern Erdinger Bürgerssöhne. Zum Pflegskommissär brachte es J. Ch. Lunghamer (1620), der Mitschüler des Sohnes

65

Korbinian von Prielmayr (Stich von Karl Gustav von Amling, 1697)

des Hofkanzlers J. J. v. Elsenheim und des Grafen Konstantin Fugger-Kirchberg. J. J. Wachinger dagegen, der als Pflegskommissär von Erding 1730 starb, war selbst Sohn des Erdinger Pflegskommissärs. Ob sich der Aufstieg der Familie Widnmann, von der Friedrich Widnmann 1609 mit dem Sohn des Landschaftskanzlers J. G. Herwarth von Hohenburg und dem Sohn des Pflegers zu Schongau Ch. von Rueshof bei den Jesuiten studierte, aus solchen Verbindungen Nutzen zog, muß offenbleiben.

Lunghamer, Wachinger und Widnmann hatten nach dem Gymnasium die Universität Ingolstadt besucht, das war die gewöhnliche Voraussetzung für eine Laufbahn als Beamter in hohen Staatsstellungen. Die Zahl Erdinger Studenten in Ingolstadt beträgt 252, drei Studenten kamen aus Altenerding. Erdinger studierten auch in Padua, Wien und Tübingen. Die Mehrzahl der Namen begegnet auch in der Matrikel des Jesuitengymnasiums München. Herbig hat die Namen der Studenten ihrem jeweiligen Jahrgang zugeordnet, dabei ergeben sich interessante Perspektiven. Die Zahl der Erdinger Universitätsstudenten im 16. Jahrhundert, 32 in Ingolstadt, sechs in Leipzig, einer in Altdorf beträgt also insgesamt 39, kaum mehr als im ausgehenden 15. Jahrhundert. Das ist außerordentlich bemerkenswert, aber schwer zu erklären; die wirtschaftliche Lage scheint im Jahrhundert zuvor ungleich günstiger gewesen zu sein. Um so erstaunlicher ist der Anstieg der Zahlen im 17. Jahrhundert, trotz Krieg und Pest. Insgesamt studierten in Ingolstadt, Dillingen und Bamberg 73 Erdinger in diesem Jahrhundert. An protestantischen Universitäten hatte damals bereits Kurfürst Maximilian I. ein Studium seiner Untertanen verboten. Im 18. Jahrhundert verdoppeln sich die Zahlen, in Ingolstadt zählt man bis 1725 39 Erdinger Studenten, dann geht die Zahl, sicher kriegsbedingt, bis 1750 auf 25 zurück, um dann auf 43 anzusteigen; dazu kommt einer aus Bamberg. Im letzten Viertel des Jahrhunderts sinkt die Zahl der Studenten aus Erding auf 29 ab, ein Erdinger in Erlangen ist dazugerechnet. Die gesamte Zahl im 18. Jahrhundert beträgt also 137.

Unter den Vätern dieser Ingolstädter Studenten waren Bürgermeister (Zeidlmayr) und Pflegsverwalter (Lunghamer) sowie Gerichtsprokuratoren (Hilleprandt), aber auch Seiler, Kürschner, Bäcker, Mesner, Gastwirte, Schneider, Torwärter, ein Sägeschmied und ein Arbeiter; dessen Sohn, Georg Schweinhamer, Doktor der Medizin, war von 1765 bis 1771 Stadtphysikus in Erding. Besonders zahlreich sind wieder die Theologen vertreten. Von der Mehrzahl der Studenten sind die Väter leider unbekannt, doch könnte B. I. Klöckl (1789) ein Sohn des Erdinger Gerichtsschreibers gewesen sein, F. X. Kogler (1747), J. K. Lethner (1751) und Josef Lethner (1758) gehörten sicher den beiden Baumeisterfamilien an, die Träger des Namens Mayr (1597–1759) können zur Dynastie der Brauer und Wirte gleichen Namens gehören. Franz L. Lehner (1748) war vermutlich ein Sohn des Erdinger Bürgermeisters Franz A. Lehner von 1748. Johann Anton Pesl (1764) war zweifellos der spätere Bartholomäer. Ob Martin Prielmair (1663) ein Verwandter des Staatsmannes war, läßt sich nicht ermitteln; Alois Riester (1795) könnte aus der Familie des Kirchenschreiners gleichen Namens stammen. J.M. Steinhauser (1734) war möglicherweise ein weiterer Sohn des Erdinger Gerichtsprokurators W. Ch. Steinhauser († 1733); J. Sp. Tottveiler (1722) war zweifellos ein Angehöriger der Dynastie Todfeiler, die eine ganze Reihe von Erdinger Bürgermeistern stellte. Der Familie des Freiherrn von Widnmann gehören Johann (1605) und Johann Friedrich (1640) zu, der Familie des Erdinger Bürgermeisters Zeidlmayr Franz Benno (1653) und Josef Ignaz (1658).

An berühmten Namen finden wir unter der Vielzahl der Erdinger Universitätsstudenten vom 15. bis zum 19. Jahrhundert nur einen: den Humanisten Uranius, Martin Prenninger (ca. 1450–1501) aus der Ratsfamilie der Prenninger. Er studierte in Padua und Wien, wo er mit dem Magister abschloß. Noch im Gründungsjahr der Universität 1472 ging er nach Ingolstadt, 1475 war er dort Dekan der Artistenfakultät. 1476 weilte er in Florenz und schloß Freundschaft mit dem berühmten Begründer der dortigen Philosophenschule, dem Platonverehrer Marsilius Ficinus; Briefe des Philosophen an ihn sind noch erhalten. Anschließend ging er nach Padua und wurde dort zum Doctor juris utriusque promoviert. Nach seiner Rückkehr nach Deutschland begegnet er als Kanzler des Bischofs von Konstanz, 1490 wurde er Ordinarius für Kirchenrecht an der Universität Tübingen und Rat des Herzogs von Württemberg. Seine humanistischen Lehrschriften sind nur handschriftlich erhalten; berühmt wurde er durch seine Rechtsgutachten, die sein Urenkel in drei Bänden 1597 bis 1607 in Frankfurt herausbrachte. Ein kurzer Lebensabriß erscheint demnächst im Gelehrtenlexikon der Universität Ingolstadt-Landshut-München.

Gelehrte vom Rang Prenningers brachte Erding bis in unsere Zeit nicht mehr hervor, doch kann man zwei Namen anführen, die zu Unrecht vergessen sind: Gerhard Führer, den Abt von Fürstenfeld, der schon genannt wurde; seine Chronik von Fürstenfeld hätte den Druck verdient, die Säkularisation hat es verhindert. P. Rupert Carl (1682 – 1751), lange Jahre Prior des Benediktinerklosters Weihenstephan und Sekretär der Bayerischen Benediktinerkongregation, hinterließ eine handschriftliche Geschichte der Benediktinerklöster in Deutschland, der berühmte Kartograph Johann Baptist Homann aus Nürnberg gab die dazugehörigen Karten in Druck. Einer seiner Nachfolger als Prior von Weihenstephan war der langjährige Professor am Lyzeum zu Freising und an der Benediktineruniversität Salzburg P. Roman Weixer (1690 – 1764), von dem 17 Druckwerke bekannt sind, hauptsächlich Thesen und Disputationen. Aus Altenerding stammte der Professor an der Universität Ingolstadt für Logik und Metaphysik und Regens des dortigen Bartholomäer-Instituts Balthasar Schleibinger. 1760 war er Rektor der Universität. Er hinterließ eine philosophische Dissertation (1789) aus dem Bereich der Erkenntnistheorie, einem damals leidenschaftlich diskutierten Problemkreis. Bei den Erdinger Bartholomäern hatte auch der spätere Abt von Oberalteich, P. Beda Aschenbrenner (geb. 1756 in einem niederbayerischen Einödhof, † 1817), seinen ersten Unterricht erhalten. Bekannt wurde Aschenbrenner durch seine zahlreichen kirchenrechtlichen Werke, die er als Inhaber des Lehrstuhls für Kirchenrecht in Ingolstadt (1789 – 1796) publiziert hatte. Er war bereits vom Geist der Aufklärung berührt und trat für eine Reform des monastischen Lebens ein, vor allem im Hinblick auf Intensivierung der Studien. Als Abt von

Oberalteich kämpfte er vergebens gegen die geplante Säkularisation.

Gelehrte von Namen waren zeitweilig auch unter den Stadtärzten von Erding zu finden. G. Ch. E. Hertel (1701 – 1762) aus Ingolstadt war von 1726 bis 1737 Erdinger Stadtphysikus, dann wurde er als Medizinprofessor nach Ingolstadt berufen. Als Schriftsteller trat er nicht hervor. Apotheker und Stadtphysikus von Erding von 1772 bis 1775 war auch der langjährige Direktor der Philosophischen Klasse der Bayerischen Akademie der Wissenschaften, Dr. Ferdinand Maria Baader, kurfürstlicher Geheimer Rat und Akademischer Professor für Naturgeschichte und Ökonomie, auch ein streitbarer Aufklärer und bekannt als führender Illuminat und Freimaurer. Seine Bedeutung als Naturwissenschaftler lag weniger in der praktischen Forschung als in der kritischen Vermittlung der Forschungsergebnisse seiner Epoche. Wie wenige seiner Generation in Deutschland erfaßte er dabei die großartigen Ergebnisse der zeitgenössischen Entdeckungen auf dem Gebiet der Chemie, vor allem jene Lavoisiers. Ein weiteres Mitglied der Bayerischen Akademie der Wissenschaften verbrachte seine letzten Lebensjahre in Erding, der Kapitular des Kollegiatstifts Indersdorf Aquilin Holzinger, seit 1796 Pfarrer zu Wörth. Sein Grabmal zu St. Paul ist noch erhalten. Als Historiker war er fleißig und umsichtig, er behandelte vor allem genealogische Themen, aber ohne allgemein rezipierte Ergebnisse. In Erding wird er vor allem gewürdigt als Wohltäter des Krankenhauses.

Als Gelehrter hätte sich sicherlich der letzte Erdinger, der in diesem Zusammenhang zu würdigen ist, selbst nicht empfunden: Anton von Eisenreich (1735 – 1793), dessen ansprechendes Grabmal in der Südostnische der Stadtpfarrkirche immer noch zu sehen ist. Er war aber, im Hauptberuf hoher Staatsbeamter, auch von beachtlichem Einfluß durch seine anonymen, durchaus auch juristisch fundierten Streitschriften zu aktuellen Themen; er galt als radikaler Aufklärer und besaß beträchtlichen Einfluß auf die bayerische Kirchenpolitik seiner Zeit. Sein Vater Sebastian war Lodermeister und Mitglied des Inneren Rates, seine Familie war auch in der Folgezeit in Erding von großem Einfluß. Die Karriere Eisenreichs, der, erzogen von den Jesuiten zu München, 1754 als Student in Ingolstadt nachweisbar ist, begann als Gutsverwalter der Grafen Seinsheim und Königsfeld und Anwalt der Grafen Baumgarten und Zech, höchst einflußreicher Persönlichkeiten also. Er war dabei so erfolgreich, daß sich ihm alsbald alle Wege öffneten. 1773 wurde er Fiscal, das heißt Finanzverwalter des Geistlichen Rats, der für Kirchensachen zuständigen obersten Behörde, vergleichbar mit dem heutigen Kultusministerium. In dieser Stellung bereitete er in Gutachten juristischen und finanzpolitischen Charakters bereits die spätere Klosteraufhebung vor, auch eine ganze Reihe von Maßnahmen zur Eindämmung der Äußerungen barocker Frömmigkeit in Bayern gehen auf ihn zurück. Von 1780 bis 1783 war er Direktor des Geistlichen Rates und Malteser-Ordenskanzler, stand also hoch in der Gunst des Kurfürsten Karl Theodor, dessen Lieblingsprojekt die Gründung der Bayerischen Malteser-Zunge war. Sein Einfluß ging zwar bereits 1785 allmählich zurück, da Karl Theodor in seiner finanziellen Bedrängnis den Zugriff auf die Kirchengüter – zu dem ihm gerade Eisenreich geraten hatte – lieber unter Zustimmung Roms als gegen den Papst zu realisieren verstand, doch wurde er durch Rang- und Standeserhöhungen entschädigt; 1789 wurde er wirklicher Geheimer Rat, 1790 nobilitert. Korbinian Prielmayr und Anton von Eisenreich sind, über ihre Bedeutung für Erding hinaus, einzigartige Beispiele für die Möglichkeiten, die sich für begabte Angehörige des Bürgerstandes oder der sozial noch tiefer stehenden Schichten auch vor dem 19. Jahrhundert mit seiner bürgerlichen Gleichstellung ergaben.

Die Stadt als Schicksalsgemeinschaft (1250–1800)

Erding wurde in erster Linie als landesherrliche Festung gegründet, zu ihrer Verteidigung waren, wie die Edelknechte bei einer Burg, die Bürger verpflichtet. Wacht und Steuer waren die Lasten, die der Bürger zu tragen hatte. Die Steuer diente auch der Erhaltung der Stadtmauer, der Wachtdienst diente zur eigenen Sicherung wie zur Erfüllung des Auftrags der Stadt im fürstlichen Dienst. Anders aber als die Reichsstädte, die zum Teil noch im 15. Jahrhundert mit mächtigen Feinden im nächsten Umkreis zu rechnen hatten, war Bayern seit 1180 ein weitgehend geschlossenes Territorium; der Herzog garantierte den Schutz nach außen und den Landfrieden im Innern. Fehden mit beutelustigen Raubrittern, die im herzoglosen Schwaben und Franken lange Zeit geradezu an der Tagesordnung waren, fehlten im Herzogtum Bayern fast völlig oder gingen angesichts der Macht des Fürsten übel aus; die Fehde, die Michael Schrenck auf Notzing 1409 der Stadt Erding ansagte, steht in einem allgemeinen Zusammenhang, der für Bayern übel aussah, die Herzöge selbst lagen miteinander in Fehde.

Verhandlungsort im geteilten Herzogtum

1255 nämlich hatten die beiden Söhne Herzog Ottos II., Ludwig mit dem Beinamen der Strenge und Heinrich, ihr Erbe geteilt. Ludwig, der gleichzeitig Pfalzgraf bei Rhein war, erhielt zur Pfalzgrafschaft noch das obere Bayern, das ausgehend vom Gebirge bis an die Donau reichte und den Westteil des Landes ausmachte, Heinrich das reiche Unterland, dessen Grenzen Kelheim, Moosburg, Erding, Kraiburg und Rosenheim einschlossen, nördlich der Donau auch die Grafschaft Cham. Das Land vor dem Gebirge mit Kufstein und Kitzbühel kam zum Landesteil Ludwigs, ebenfalls der wittelsbachische Anteil am Nordgau, die spätere Oberpfalz nämlich, und die Herzogsrechte in Regensburg. Die Teilungslinie war vor allem von finanziellen Gesichtspunkten bestimmt gewesen; damit war ständiger Streit um Einkünfte und Rechte vorprogrammiert, doch kam es im 13. Jahrhundert wenigstens noch nicht zum Krieg. Die Schiedsverträge, durch welche die Differenzen jeweils beigelegt wurden, fanden schon damals auch in Erding statt, so der „friedliche Anstand", den Bischof Heinrich von Regensburg 1292 vermittelte. Der Sitz des zuständigen Vitztums, des Vertreters des Herzogs, war Landshut, zu dessen Kastenamt Erding ebenfalls gehörte. Die Streitigkeiten der nächsten Generation spielten sich ausschließlich zwischen den Erben Ludwigs von Oberbayern ab und betrafen Erding nicht; daß Bürger Erdings bei der Schlacht von Gammelsdorf 1313, bei der es um die Regentschaft Ludwigs des Bayern über Niederbayern ging, teilgenommen hätten, ist nicht bezeugt. Die unglückseligen Folgen der Landesteilung von 1255 und 1310 sowie die ausdrückliche Warnung Ludwigs des Bayern vor neuen Teilungen, der Ende 1341 als Erbe der niederbayerischen Linie zu Oberbayern auch noch Niederbayern bekommen hatte, auch der Bundesbrief

69

Türmchen eines traditionsreichen Bürgerhauses und Frauenturm

Straubinger Ländchen überließ. 1363, nach dem Aussterben der Linie Ludwigs des Brandenburgers, nahm Stephan allerdings Oberbayern in Besitz, das vereinigte Herzogtum teilten dann 1392 seine Söhne erneut, Niederbayern mit Landshut blieb ungeteilt, Oberbayern erhielt mit Ingolstadt eine neue Hauptstadt – die Quelle endloser Streitigkeiten bis zum Tode des letzten Ingolstädter Herzogs Ludwig des Gebarteten. 1402 fanden in diesem Zusammenhang Verhandlungen zwischen den Herzögen auch zu Erding statt, der Grenzstadt zwischen München und Landshut. 1408 schloß Heinrich von Niederbayern mit den Münchner Herzögen, 1411 mit Friedrich von Österreich ein Bündnis gegen die Ingolstädter in Erding; es kam 1415, nach dem Mordanschlag Heinrichs von Niederbayern gegen Ludwig den Gebarteten, schließlich zum Krieg. Die Kämpfe eskalierten bis zu blutigen Schlachten, so bei Alling 1422, trotz des kaiserlichen Friedgebots. Erding wurde dabei insofern in Mitleidenschaft gezogen, als der Pfleger von Wasserburg, das 1392 zu Ingolstadt gekommen war, im Landgericht Erding eine ganze Reihe von Dörfern niederbrannte; der Moosrain war eine einzige Brandstätte. Neue Absprachen zwischen München und Landshut wurden 1437 ebenfalls zu Erding getroffen, 1446 erfolgte hier die Schlichtung eines Erbschaftsstreits zwischen den Herzögen von München und Landshut durch den Markgrafen von Baden. In Erding endete auch 1450 der Streit, der zwischen Albrecht III. von München und Ludwig dem Reichen von Landshut nach dem Aussterben der Ingolstädter Linie ausgebrochen war, friedlich durch Vertrag. Ludwig der Reiche behielt das bereits von seinem Vater 1447 annektierte Ingolstädter Teilherzogtum, nur das Gericht Schwaben trat er an Albrecht ab, dazu einige Herrschaften.

Dieser Erdinger Vertrag von 1450 gehört zu den wichtigsten Marksteinen auf dem Weg zur Konsolidierung des Herzogtums

von 1347, mit dem sich der niederbayerische Adel und die Städte, darunter auch Erding, zur Erhaltung ihrer Rechte und Freiheiten vereinigt hatten, hinderte die Söhne Ludwigs nicht, 1349 das eben wiedervereinigte Herzogtum erneut zu teilen. Vorerst blieb dabei die Teilungslinie von 1255 maßgebend. In München und Landshut regierten dabei jeweils zwei Brüder gemeinsam; in Niederbayern endete diese Phase bereits 1351, als Stephan II. seinen Brüdern Wilhelm und Albrecht die Alleinregierung im am Beginn der Neuzeit. Aber noch waren viele Hemmnisse zu überwinden; immer wieder stand dabei Erding als Tagungsort im Mittelpunkt. 1466 wurde die Stadt für die Austragung von Differenzen zwischen München und Landshut in Aussicht genommen. 1485 schloß Herzog Sigismund von Tirol mit den beiden Herzögen in Erding ein Kriegsbündnis, auch 1487 berieten Albrecht IV. und Georg der Reiche über ein Bündnis mit Ungarn, Frankreich und den Eidgenossen gegen den Schwäbischen Bund in Erding. Besonders wichtig als Station auf dem Weg zur inneren Einheit des Herzogtums war die Beratung der Münchner und Landshuter herzoglichen Räte 1487 zu Erding über die Reformation des bayerischen Landrechts, den Versuch, das Oberbayerische Landrecht Ludwigs des Bayern und die Niederbayerische Landesordnung von 1474 einander anzugleichen. Auf neutralem Boden, eben in Erding, fanden 1485 auch Verhandlungen zwischen Albrecht IV. von Oberbayern und seinem Bruder Christoph statt, in deren Verlauf dieser auf seine Forderung nach Anteil an der Herrschaft verzichtete. Von kriegerischen Wirren blieb Bayern in diesen Jahrzehnten verschont; doch meldet für 1487 der Chronist, daß bis nach Erding damals Flüchtlinge kamen, die sich vor dem Einfall der Türken in die Steiermark in Sicherheit brachten.

Das Ansehen der Stadt an der Sempt als geeignete Stätte von Verhandlungen zwischen den Fürsten im Umkreis unterstreicht auch die Vermittlungsaktion des Kardinals Lang von Salzburg 1531 zwischen Bayern und Österreich, die in Braunau und Erding stattfand. Daß die Reisen der bayerischen Kurfürsten von München nach Landshut auch noch in der Neuzeit, etwa 1652 und 1654, über Erding führten, daß in diesen Jahren der Kurfürst auch gern in Erding Quartier nahm, im Grafenstock als Gast des Grafen Preysing, wenn er in den umliegenden Forsten zur Jagd auszog, daß Maximilian I. 1620, als er nach dem Sieg über den „Winterkönig" aus Böhmen zurückkehrte, in Erding von seinem Vater Wilhelm V. feierlich empfangen und nach München geleitet wurde oder daß 1678 wichtige Verhandlungen zwischen dem französischen Gesandten de la Haye und dem bayerischen Vizekanzler Kaspar von Schmid bei Prielmayr in Erding stattfanden, macht die fortdauernde Bedeutung dieser Stadt für Bayern besonders deutlich.

Krieg – Zerstörung – Seuchen

Damals waren Ober- und Niederbayern wieder längst vereinigt. Doch das ging nicht ohne einen schrecklichen Krieg ab, der an Greueln noch die Kämpfe zur Zeit Ludwigs des Gebarteten von Ingolstadt übertraf. Erding blieb dabei nur mit viel Glück verschont. Als im Dezember 1503 Herzog Georg der Reiche von Landshut ohne männliche Erben gestorben war und, entgegen dem Reichsrecht, seine Tochter und deren Gemahl Ruprecht, den Sohn des Kurfürsten von der Pfalz, zu Erben des Herzogtums eingesetzt hatte, kam es zum Krieg. Der Landshuter Geschichtsschreiber Veit Arnpeck und Augustin Kölner, der Rat Albrechts IV., berichten auch vom Schicksal Erdings in dieser Zeit. Der Rat war bereits im diplomatischen Ringen im Vorfeld in die Pflicht genommen worden, ein Vertreter der Stadt gehörte dem Ausschuß an, den die niederbayerische Landschaft, die Vertreter des Adels, der Geistlichkeit und der Städte und Märkte eingesetzt hatte und die sich dem Urteil König Maximilians I. unterwarf, der Albrecht IV. von München das Erbe zugesprochen hatte. Pfalzgraf Ruprecht warb trotzdem Kriegsleute an, darunter den Tölzer Landsknechtsführer Jörg Wispeck. Im Zuge der Behauptung Niederbayerns besetzte Wispeck noch im April 1504 auch Erding und hinterließ dort eine schwache Besatzung, die sich aber, zumal die Erdinger Bürger auf der Seite des Münchner Herzogs standen, gegen den Angriff der Grafen Johann und Andreas von Sonnenburg, der Feldhauptleute Albrechts IV., nicht behaupten konnte. Erding huldigte daraufhin dem neuen Herrn. Ein Versuch der Pfälzer im Mai, Erding erneut einzunehmen, mißlang, da inzwischen die Stadtmauer verstärkt worden war. Von den schrecklichen Verwüstungen des sogenannten „Kehrab" anfangs 1505, des Zuges der pfälzischen Mordbrenner im Dienst der Gegner Albrechts IV. an und über den Inn, blieb Erding, seit Mai 1504 fest in der Hand des Herzogs, verschont. Der Schiedsspruch Maximilians I. von Köln 1505 brachte schließlich wieder den Frieden, um den Preis der Errichtung eines neuen Fürstentums, der sogenannten Jung-Pfalz mit dem Zentrum Neuburg an der Donau. Das Primogeniturgesetz Albrechts IV. von 1506 beendete mit der Festlegung der Unteilbarkeit des Herzogtums das unglückselige Zeitalter der Landesteilungen.

Das folgende Jahrhundert gehört vielleicht zu den glücklichsten Epochen der bayerischen Geschichte, ohne jede äußere Bedrängnis, auch im Bauernkrieg von 1525, mit guter Agrarkonjunktur und entsprechenden Auswirkungen auf die Entwicklung im Gewerbebereich. Die Bevölkerungszahl stieg an. Zu Beginn des 17. Jahrhunderts wurde jedoch die Überbevölkerung bereits spürbar. Die Kipper- und Wipper-Inflation in den ersten Jahren des Dreißigjährigen Krieges, an der weniger der Krieg als die zielstrebige Münzvermehrung bzw. die Münzverschlechterung durch Fürsten und Städte schuld war, brachte eine außerordentliche Verteuerung der Lebensmittel, bei gleichbleibenden Einkünften der adeligen und kirchlichen Grundherren – den Hauptauftraggebern der Handwerker. Doch zur Katastrophe kam es erst durch die kriegerischen Ereignisse selbst.

Nach der Niederlage der kaiserlich-bayerischen Armee unter Tilly im September 1631 zu Breitenfeld bei Leipzig drangen die Schweden unter König Gustav Adolf vor bis tief nach Süddeutschland, überschritten im April 1632 den Lech und brachen unaufhaltsam über Bayern südlich der Donau herein, unter systematischer Verwüstung und Ausplünderung von Stadt und Land, ausgenommen München, das sich aber mit einer Kontribution von 300 000 Talern loskaufen mußte. Niedergebrannt wurden auch im Mai 1632 die Dörfer um Erding, von der Stadt selbst 105 Häuser, die Hälfte also des Bestandes, über 100 Personen kamen bei der Einnahme der Stadt ums Leben. Im Sommer 1632 fiel der Schwede erneut in Bayern ein, noch einmal 1634, aber kaum weniger Bedrängnis brachte die Konzentration der kaiserlichen Truppen im südöstlichen Bayern 1633 und im Frühjahr 1634. Im Juli plünderten Kroaten, die man gutwillig eingelassen hatte, ebenfalls die Stadt; noch einmal kamen auch die Schweden, vom kaiserlichen Generalissimus Wallenstein mit Bedacht auf Bayern gelenkt. Die drückenden Quartierslasten, die im Winter 1633/34 die Bauern zwischen Isar und Salzach zum Aufstand getrieben hatten, bedrückten Erding zusätzlich; auch der Erdinger Rat schloß sich den Beschwerden an, die beim Kurfürsten, freilich vergeblich, vorgetragen wurden. Sprecher waren die Ratsherren Kaspar Prenninger und Hans Paumann, Erdinger Gastwirte. Verheerend waren vor allem die Folgen der Hungersnot von 1633 und der Pest. Mit der Schlacht von Nördlingen im September 1634 änderte sich die Kriegslage völlig. Trotz unaufhörlicher Einquartierungen in der Folgezeit – wobei der Unterhalt der Truppen durch die Quartiergeber zu tragen war –, trotz der Ausweisung Erdings als Werbeplatz mit all den ungünstigen Umständen erholte sich die Stadt langsam wieder, zumal der Kurfürst 1634 zwei Drittel der Steuer erließ. Der päpstliche Nuntius Fabio Chigi, der 1639 durch Bayern kam, berichtet, daß die Kriegsschäden wieder weitgehend wettgemacht seien. Auch die Studentenzahlen dieser Zeit deuten die allmähliche Erholung in Stadt und Land an.

Der Umschwung der militärischen Situation seit dem ersten Auftreten französischer Truppen auf Reichsboden im Jahre 1643 brachte erneut Bayern in höchste Bedrängnis. 1646 blieb Erding noch verschont, nur das westliche Bayern war betroffen. 1648 aber wurde das ganze Land bis zum Inn schlimmer heimgesucht als 1632/33, Erding wurde, bis auf sieben Häuser, völlig zerstört. Vorausgegangen waren im Mai haarsträubende Fehler und Versäumnisse der kaiserlichen und bayerischen Befehlshaber, welche der Vereinigung der schwedischen und französischen Armeen tatenlos zusahen und dann, nach allmählichem Rückzug, das ganze Land kampflos preisgaben. Den bayerischen General Graf Gronsfeld ließ der Kurfürst daraufhin verhaften; der kaiserliche Befehlshaber Piccolomini, der bis an den Inn zurückgegangen war, fand die volle Unterstützung des Kaisers, dem es nur um den Schutz seiner eigenen Erblande ging. So kam es, wie es kommen mußte – wieder ergossen sich die feindlichen Truppen über das ganze Land. Im Juni standen die Schweden vor Freising; die Erdinger Bürger flohen diesmal nach Wasserburg, waren aber bereit, zur Erhaltung der Stadt die von den Schweden geforderte Kontribution zu erbringen. Über die Verhandlungen sind wir genau unterrichtet, sie wurden von den Ratsherren Kaspar Prenninger, Michael Todfeiler und dem Lebzelter Hans Wildenrotter geführt. Dabei gelang eine Reduzierung der ursprünglich geforderten Summe von 120000 Talern auf 4000, das waren 6000 Gulden. Die Ratsherren Todfeiler und Senser wurden als Geiseln behalten; der Gerichtsschreiber J. F. Widnmann organisierte die Aufbringung der geforderten Summe, wobei die Erdinger Bürger selbst 3414 Gulden zusammenbrachten und der Kurfürst eine Anleihe von 3000 Gulden beisteuerte. Vom 27. Juli datiert der schwedische Schutzbrief, der am 1. September erneuert wurde; nach Eingang der letzten Zahlungen, am 18. September, wurde die Stadt trotzdem vom französischen Marschall Turenne zur Plünderung und Zerstörung freigegeben. Eine volle Woche wüteten die Brände. Niedergebrannt wurden damals auch die Dörfer im Umkreis, darunter Altenerding, Aufhausen, Langengeisling. Zehn Tage später setzte sich die kaiserliche Armee endlich in Marsch, für Erding zehn Tage zu spät.

Am 24. Oktober kam endlich in Münster und Osnabrück der Friede zustande, nach unsäglichen Leiden, die niemand ermessen kann. Nur die materiellen Schäden und nüchterne Zahlen lassen sich festhalten. An die 300 Erdinger Einwohner bei einer Gesamtzahl von 301 Bürgern wurden damals durch Krieg und Pest hinweggerafft. Zum Vergleich: Die Bevölkerung Münchens ging von ca. 22000 zurück auf ca. 14000, die Zahl der Handwerksmeister sank fast auf die Hälfte. In Augsburg starben an der Pest 11903 Bewohner; 1635 lebten noch 16432 Personen in der Stadt, von ca. 48 000 um 1600. Vergleichbare Städte wie Erding sind Höchstädt und Dillingen mit mehr als 1000 Pesttoten, Füssen mit 1600; in Kempten sollen es 4000 gewesen sein. Bayerns Bevölkerungszahl ging um 30 bis 40 Prozent zurück.

Die materiellen Schäden, die in Bayern zu registrieren waren, liegen in amtlichen Zahlen vor; für Erding stellt sie Gerhard Koschade zusammen. Hier wurden Schäden registriert an kirchlichen Gebäuden in Höhe von 21140 Gulden, an den Kommunalgebäuden von 30690 Gulden, an Privatbauten in Höhe von 310261 Gulden; als Plünderungsschäden wurde 149796 Gulden angegeben, Quartierskosten und Kontributionen waren nicht eingerechnet. Als Gesamtsumme wurden 511887 Gulden errechnet. Vergleichszahlen aus Landshut

Auf dem letzten Weg durch die Lange Zeile, in Höhe von Bräuhausgasse und Kleinem Platz (Fotografie, um 1900)

ergeben eine Summe von 658 330 Gulden, dort waren nur 87 Häuser niedergebrannt.

Der Wiederaufbau dauerte Jahrzehnte, wobei von seiten des Kurfürsten durch allgemeine Förderungsmaßnahmen viel getan wurde, u.a. durch Anregung des Gewerbeaufschwungs durch Schutz vor ausländischer Konkurrenz, durch Vermehrung der Arbeitsplätze durch Lockerung des Zunftzwangs – was die etablierten Meister aber nicht als Vorzug empfanden –, durch Staatsaufträge und Vermittlung von Aufträgen von seiten der Kirche und durch Exportprämien. Direkt für Erding ist der Erlaß der Anleihe von 3000 Gulden zu registrieren, den Beitrag des Kurfürsten zur Brandschatzungssumme vom Juli 1648. Zur Behebung der Bauschäden gestand er dem Stadtrat die Erhöhung des Pflasterzolls und des Aufschlags auf Bier und Fleisch zu – zahlen mußten das freilich wieder die Leute selbst. 1670 etwa war der Wiederaufbau der zerstörten Gebäude abgeschlossen. Für die Folgezeit ist der jetzt einsetzende wirtschaftliche Aufschwung am klarsten abzulesen an den allenthalben neu entstehenden Kirchen und an den steigenden Studentenzahlen. Genaueres wissen wir aber (noch) nicht.

Wie die Haltung der Erdinger Führungsschicht während des Dreißigjährigen Krieges gezeigt hat, war sie sich damals durchaus ihrer Verantwortung für das Gemeinwohl bewußt. Mehr oder weniger versagt hat sie 1705, als der Stadt eine Brandschatzung von 2000 Gulden auferlegt wurde, weil der Rat in die Planung des

Aufstandes gegen die österreichische Besatzung verwickelt war. Ob dabei die Beziehungen zum Sohn Korbinian Prielmayrs eine Rolle spielten, der als Kastner von Burghausen zeitweise der Führungsschicht der Aufständischen angehörte, muß offenbleiben; sein Vater jedenfalls hat sicherlich nicht, wie das Hans Dachs annimmt, den Aufstand „entfacht". Erding kam damals übrigens immer noch gut weg. Aibling wurde mit 4000 Gulden bestraft, Wolfratshausen und Rosenheim mit 6000, Tölz gar mit 8000, die Klöster Benediktbeuern und Tegernsee gar mit je 14000 Gulden. Unmittelbare Kriegsschäden waren 1706 zu verzeichnen, als im Januar General Kriechbaum bei seinem Zug nach Niederbayern, wo er bei Aidenbach den Aufstand der Bauern im Blut erstickte, auch durch das Gericht Erding zog und die Dörfer ausgeplündert wurden. Die Autorität des Rates litt damals erheblich, Beschwerden rissen seither nicht mehr ab. Ob die Zahl der 822 Todesopfer, die für die Jahre von 1700 bis 1709 erwähnt werden, mit dem Krieg und seinen Folgen zusammenhängt oder nur mit der Pest, die gleichzeitig wiederholt wütete, müßte noch geklärt werden.

Unter den Folgen des Österreichischen Erbfolgekrieges, der sich von 1741 bis 1744 besonders in Bayern abspielte, wurden aus der Sterbematrikel von Erding bis 1749 1021 Personen als gestorben ermittelt, 586 Erwachsene, 435 Kinder. Ein direkter Zusammenhang mit den Plünderungszügen der Panduren oder den Einquartierungen von 6000 Mann 1742 im Raum Erding ist aber unwahrscheinlich; von Ausschreitungen in so exorbitantem Maß, die dafür verantwortlich gewesen wären, ist nichts bekannt. Der Erdinger Gerichtsschreiber Pürzer wurde 1747 wegen Konspiration mit dem Feind hingerichtet.

Das Jahrhundert, das nach diesen Rückschlägen im großen und ganzen eine durchaus erfreuliche wirtschaftliche Entwicklung brachte, mit einem Bevölkerungswachstum bis 1770 auf 1648 Einwohner, bis 1789 auf ca. 1700, sollte nicht ohne weitere schwere Rückschläge zu Ende gehen. Der kalte Sommer von 1770 erbrachte eine schlechte Ernte, die wieder eine Viehseuche und eine Teuerung im Gefolge hatte. Die damit verbundene Hungersnot, die zwar durch den ersten Zugriff, den die Erdinger Bürger auf das Getreideangebot der Schranne hatten, für die Stadt abgemildert wurde, führte offenbar zu Hungertyphus, mit einer „erschreckend hohen Todesrate" (V. Press) von etwa einem Zehntel der Bevölkerung. Die Zahl der Todesfälle für 1770 war 98, für 1771 91, für 1772 180. 1776 brach erneut eine Viehseuche aus, 1778 überschwemmte ein Hochwasser die Landshuter Vorstadt, zerstörte die Brücken und legte die Mühlen lahm; die Schäden werden auf etwa 100000 Gulden beziffert.

Aber wenigstens blieb Bayern von einem neuen Krieg verschont, der 1778, nach dem Aussterben der Linie Ludwigs des Bayern und dem Übergang der Herrschaft in München an die Pfälzer Linie des Hauses Wittelsbach, auch Bayern in seinen Strudel hätte reißen können. Bekanntlich blieb der Krieg zwischen Österreich und Preußen beschränkt auf Gefechte in Böhmen. Erst im Dezember 1800 schlugen die Wellen der seit 1792 nicht mehr abreißenden Kriege mit Frankreich auch über Bayern zusammen. Nicht weit von Erding, in Hohenlinden, fand am 3. Dezember 1800 eine Entscheidungsschlacht zwischen den Österreichern und den Franzosen statt. Stadt und Gericht Erding litten schwer unter Einquartierungen und Durchzügen der ganzen französischen Armee, auch österreichische Husaren plünderten, Durchzüge und Quartierslasten, wenngleich in geringerem Ausmaß, waren auch noch 1805 bis 1809 und 1810 zu verzeichnen. Von da ab aber war endlich für eineinhalb Jahrhunderte Bayern kein Kriegsschauplatz mehr. Der Übergang zu einer neuen Zeit vollzog sich ohne äußere Katastrophe.

Wandlungen einer Umbruchzeit (1800 – 1914)

Die Reform-Ära nach 1800

Nicht erst mit der Erhebung Bayerns zum Königreich 1806 begann eine völlig neue, mit den alten Verhältnissen kaum mehr vergleichbare historische Epoche, sondern bereits mit dem Regierungsantritt des neuen Kurfürsten Max Joseph aus der Linie Wittelsbach-Zweibrücken 1799. Sein leitender Minister Maximilian von Montgelas, durch sein Studium an der Diplomatenschule zu Straßburg mit den französischen Reformideen der Endphase des Ancien régime bekanntgeworden, brachte bereits ein umfassendes Reformprogramm mit, als er sein Amt antrat. Dieses Programm war nicht nur dazu bestimmt, den Staatsaufbau völlig umzugestalten, wozu nach den Erwerbungen im Gefolge Napoleons, größerer Gebiete in Franken und Schwaben, auch dringende Notwendigkeit bestand; es erstreckte sich auch auf die Grundlage aller staatlichen Existenz, die Kommunen. Auch vor radikalen Eingriffen schreckten Montgelas und seine Helfer nicht zurück, nicht selten unter rücksichtsloser Mißachtung aller historisch gewordenen Strukturen; die bisherige Zuordnung der Ortschaften zueinander, die Herrschaftsverhältnisse auf dem Land, die Zuständigkeit der Verwaltungsbehörden in Stadt und Landgericht, alles wurde nach Gesichtspunkten allein rational ersichtlicher Effektivität neu festgelegt. Diese Reformphase fand erst 1862 ihren Abschluß. Susanne Herleth-Krentz hat sie im einzelnen dargestellt.

Die Staatsreform begann bereits 1799 mit der Aufhebung der Pfleggerichte und der Vereinheitlichung der neuen Verwaltungsinstanzen; es gab nur noch Landgerichte neuer Ordnung. Im Gericht Erding erfolgte diese Umwandlung ohne jeglichen Bruch, der bisherige Pflegskommissär J. N. J. Freiherr von Widnmann († 1807) wurde der erste Landrichter. Am 24. März 1802 erging dann die Verordnung, durch die auch die räumliche Zuordnung verändert wurde. Das kleine Landgericht Dorfen wurde, bis 1858, Erding unterstellt, bis es dann wieder selbständig wurde. Zum Gericht Erding wurden auch die Freisingische Herrschaft Burgrain und die bisher zum Gericht Schwaben gehörigen Ortschaften Pretzen und Riexing geschlagen. Gleichzeitig wurde das neue Landgericht Erding der Generallandesdirektion München unterstellt. 1808 erfolgte eine Neugliederung der Regierungsbezirke und ihre Benennung nach dem Vorbild der französischen Departements nach Flüssen. Erding gehörte jetzt zum Isarkreis, der 1837 von Ludwig I. wieder in Oberbayern umbenannt wurde. Neuer Landrichter wurde Matthias Weindler, der aus Stamsried aus der Oberpfalz stammte und Inhaber der Herrschaft Barbing war; er war ein Schwager des letzten Fürstabts von St. Emmeram, Coelestin Steiglehner. Im Oktober 1803 wurde die Finanzverwaltung vom Gericht getrennt und einem neugebildeten Rentamt übertragen, dessen Umfang mit dem des Gerichts identisch war. Für die Unterbringung der neuen Ämter kam die 1802/03 durchgeführte Klostersäkularisation sehr gelegen.

Dem Rentamtmann wurde als Sitz der ehemalige Propsteihof des Klosters Ebersberg zugewiesen, das stattliche Gebäude in der Langen Zeile Nr. 7, das 1821 von der Stadt gekauft wurde und später die Mädchenschule beherbergte. Das Rentamt kam jetzt in das einstige Kapuzinerkloster in der Münchner Vorstadt. Das Landgericht wurde 1805 im Emeritenhaus der Bartholomäer in Hl. Blut untergebracht, das 1807 gegen das Widnmann-Palais in der Langen Zeile getauscht wurde; dieses Palais blieb bis in die jüngste Gegenwart Sitz des Landrichters bzw., seit 1862, des Bezirksamtmanns oder, seit 1939, des Landrats. Von 1818 bis 1868 war Erding übrigens auch der Standort eines Landwehrbataillons.

Völlig neu gestaltet wurde auch die untere Verwaltungsstruktur. Bisher wurden die fälligen Steuern vom Landrichter in den landgerichtischen Orten, vom Hofmarksherrn in den Hofmarken eingehoben. Die Steuerverwaltung lag ebenfalls beim Landrichter bzw. bei der Vertretungskörperschaft des Adels und der Prälaten, der Landschaft. Das wichtigste Prinzip der Reform der Jahre seit 1799 war die Durchsetzung der alleinigen Staatsautorität auf allen Ebenen und allen Bereichen des öffentlichen Lebens, vor allem auf dem Gebiet der Finanzen. Die Umgestaltung der untersten Gebietskörperschaften begann deshalb auch mit der Errichtung der Steuerdistrikte 1808. Die Landrichter wurden angewiesen, ihre Landgerichte in möglichst gleich große und zusammenhängende Bezirke einzuteilen; benannt wurden sie nach dem Hauptort. Die vom Landrichter Weindler vorgenommene Einteilung erscheint auf den ersten Blick durchaus organisch und zweckmäßig. Die Stadt Erding wurde, wie nicht anders zu erwarten, allein ein Steuerdistrikt. Der Steuerdistrikt Altenerding umfaßte acht Dörfer, fünf Weiler und sechs Einöden, nämlich aus dem alten Amt Bergarn die Obmannschaft Altenerding, Teile der Obmannschaften Eching, Indorf, Niederwörth und Teufstetten sowie Salmannskirchen, dazu die Hofmarken Altenerding, Aufhausen und Teile der Hofmark Siglfing. Der Steuerdistrikt Langengeisling bestand aus vier Dörfern und drei Einöden, aus dem Amt Tittenkofen kamen die Obmannschaften Langengeisling und Eichenkofen und Teile der Hofmark Siglfing dazu. Teile der Hofmark Aufhausen wurden allerdings dann doch wieder zum Steuerdistrikt Salmannskirchen geschlagen, andere Teile Aufhausens zum Distrikt Wörth, Teile der Hofmark Siglfing wieder zum Distrikt Altenerding. Damit war die Steuerverwaltung, die bisher beim Hofmarksrichter lag, zwar in staatliche Hoheit überführt, aber der bisherige historische Zusammen-

Johann Nepomuk Josef von Widnmann (Ölgemälde, wahrscheinlich von Josef Hauber)

hang war zerrissen; daraus erwuchsen zahlreiche Schwierigkeiten, die bis 1848 nicht endeten.

Das hing zusammen mit einer weiteren Inkonsequenz dieser ersten Reformstufe, die durch die Rücksicht auf den Adel bedingt war – dem schließlich auch alle Minister und Montgelas selbst angehörten und den vor allem der Kurfürst bzw., seit 1806, König Max I. geschont wissen wollte. Zwar beanspruchte der König jetzt die alleinige Gerichtshoheit, beließ aber den bisherigen Hofmarksinhabern ihre praktische Ausübung, das heißt, die Gerichtsrechte des Adels blieben erhalten, galten aber jetzt als Ausfluß der staatlichen Gerichtshoheit. Die Neuerrichtung von Hofmarken und Edelsitzen wurde bereits 1804 verboten; bis 1818 wurde die Unterordnung der Hofmarksgerichte unter die Kontrolle der Landrichter, unter starker Beschneidung der Kompetenzen, durchgeführt. Aufgrund des „Organischen Edikts über die gutsherrlichen Rechte und die gutsherrliche Gerichtsbarkeit" vom 16. August 1812 wurden auch im Landgericht Erding die adeligen Gerichtsrechte neu bestimmt, bis 1821 war die Bildung der sogenannten Patrimonialgerichte abgeschlossen. Patrimonialgerichte I. Klasse waren auch zuständig für die streitige Gerichtsbarkeit, solche II. Klasse nur für die nichtstreitige Gerichtsbarkeit. Ihre Zuständigkeit betraf also die Grundbücher, Verträge, Erbschaften, Vergleiche, Vormundschaftssachen und schloß ein die Aufsicht über Schule und Stiftungen; zuständig war der Richter auch für Geldstrafen bis 5 Gulden oder acht Tage Arrest. Auch bei der Errichtung der Patrimonialgerichte wurde im Prinzip die Bildung zusammenhängender Bezirke angestrebt, allerdings blieb auch jetzt noch die persönliche Untertänigkeit einzelner außerhalb des Bezirks lebender Grundholden erhalten.

Von den bisherigen adeligen Gerichtsbezirken überdauerte den Einschnitt von 1804 die Hofmark Altenerding; sie wurde umgewandelt in ein Patrimonialgericht II. Klasse, bestätigt 1820, Gerichtsherr war Carl Freiherr von Closen. Zu seinem Gericht gehörten Gerichtsuntertanen in Altenerding, Klettham, Ammersdorf und Hecken, insgesamt 53 Familien. Erhalten blieb auch Aufhausen als Patrimonialgericht II. Klasse, bestätigt 1819, Gerichtsherr war Max Graf von Preysing, der Gerichtssitz war Aufhausen. Als Richter war tätig der Lizenziat Auer in München. Zum Patrimonialgericht Aufhausen gehörten auch Gerichtsuntertanen nicht nur in Aufhausen und Bergham, sondern auch in Pretzen, Altenerding, Singlding, Langengeisling und in anderen Ortschaften der Umgebung, insgesamt 46 Familien. Siglfing wurde ebenfalls als Patrimonialgericht II. Klasse 1821 bestätigt, als Gerichtsherr Anton Freiherr von Mandl. Zum Gericht gehörten Untertanen in Siglfing, Altenerding, Flanning, Klettham, Neuhausen, Ober- und Niederding, Reithofen, Schwaig und Straß, insgesamt 53 Familien. Der Sitz Itzling wurde zwar 1820 eingezogen, aber 1841 wurde dann doch das Patrimonialgericht des Inhabers Karl Freiherr von Mettingen bestätigt; er war zuständig für einen einzigen Gerichtsholden.

Wie schon die Beschreibung der Herrschaftsrechte des Freiherrn von Mandl zeigt, konnte die Herrschaftskarte trotz aller Reformideen recht bunt ausfallen, da der Adel nicht auf seine einschichtigen Untertanen verzichten wollte. So gehörten Grundholden zu Klettham und Langengeisling zum Patrimonialgericht Fraunberg oder Grünbach oder solche von Altenerding und Langengeisling nach Aufhausen.

Diese weder die Landrichter noch die Patrimonialherren restlos befriedigende Übergangslösung von der Adelsherrschaft eigenen Rechts zur Eingliederung in die staatliche Gerichtsbarkeit endete 1848, als endlich auch die jahrhundertelange Untertänigkeit der Bauern unter adelige Herrschaft endete. Die kirchliche Grundherrschaft erlosch schon 1802/03, allerdings wurden dann die von ihr abhängigen Bauern unmittelbare Grundholden des Königs. Von Dauer blieb nur, da auch die Steuerdistrikte immer wieder verändert wurden, die 1808 angeordnete, 1818 im wesentlichen abgeschlossene Gemeindebildung.

Die Grundlage bildete das „Organische Edikt über die Bildung der Gemeinden" vom 28. Juli 1808. Hier wurde angeordnet, daß die Steuerdistrikte die Grundlage darstellen sollten, wobei jedoch jede Gemeinde selbständigen Charakter haben sollte, mit Verwaltungskompetenzen „in allen politischen, finanziellen, ökonomischen, kirchlichen und Unterrichts-Gegenständen". Landrichter Weindler hielt sich allerdings in seinem Vorschlag von 1811 für die Einteilung des Gerichts in Gemeinden an diese Grundlinie des Edikts nur in sehr groben Zügen; auch ihm gelang es nicht, mit den Problemen, die vor allem mit dem Fortbestehen der adeligen Gerichtsbezirke und der wenig organischen, sehr schematischen Anlage der Steuerdistrikte zusammenhingen, fertig zu werden. Damit war er aber in Bayern nicht allein. Montgelas mußte schließlich die Gemeindebildung selbst aussetzen; erst 1818 gelang sie, aber nur, indem die Patrimonialherren bei der Grenzziehung weitgehend ausgeschaltet wurden. Gebildet wurden jetzt Stadtgemeinden und sogenannte Ruralgemeinden. Bei der Bildung der beiden Gemeinden Altenerding und Langengeisling hatte Weindler jetzt im Grunde leichtes Spiel; er brauchte sich nur an eine seit mehr als tausend Jahre alte Organisationsform zu halten, nämlich die Pfarrei. Die Gemeinde Altenerding deckte sich aber auch weitgehend mit dem Steuerdistrikt. Sie umfaßte damit elf Dörfer, vier Weiler, vier Einöden mit insgesamt 174 Familien und lag damit gut über dem Durchschnitt der Einwohnerzahlen der Gemeinden im Gericht Erding. Es handelte sich um die Ortschaften Ammersdorf, Aufhausen, Bergham, Graß, Indorf, Itzling, Kiefing, Klettham, Neuhausen, Pretzen, Schollbach, Singlding, Straß, Voggenöd, Werndlfing und Ziegelstatt, der Gemeindebereich blieb also konstant bis zur Gegenwart. Ähnlich war es bei Langengeisling. Zwar umfaßte die neugebildete Gemeinde nur vier Dörfer und drei Einöden, aber trotzdem stand sie mit 161 Familien noch über dem Durchschnitt. Pfarrei und Gemeindebezirk deckten sich hier ebenfalls, zum Steuerdistrikt gehörte auch Siglfing, das aber damals bereits erstmals zur Stadtgemeinde Erding geschlagen wurde. Gemeindliche Selbstverwaltung brachte die neue Ordnung übrigens nicht. Die Ruralgemeinden standen nach wie vor unter strengster Aufsicht des Landrichters.

Mit der Reform der Montgelas-Zeit war die Entwicklung zu einem modernen Staat mit einem gleichförmigen Untertanenverband, der nur aus gleichberechtigten Bürgern zusammengesetzt war, erst eingeleitet, doch keinesfalls abgeschlossen. Noch bestanden die meisten Adelsprivilegien unangetastet, noch saßen die Patrimonialherren, wie seit einem Jahrtausend, zu Gericht über ihre Untertanen, wenngleich jetzt im Auftrag des Staates, noch hatten die meisten Bauern, auch wenn durch die „Constitution" von 1808 die Leibeigenschaft aufgehoben worden war, einen Herrn über sich, noch standen ihre Höfe zumeist im Obereigentum eines andern. Nur an die Stelle der kirchlichen Grundherren war jetzt der König getreten, die adelige Herrschaft blieb unangetastet. Das änderte sich mit der Revolution von 1848, die Bayern immerhin streifte. Es gab zwar in Altbayern, im Gegensatz zu Franken und Schwaben, gar zur Pfalz, wo Aufruhr herrschte, keine Empörung, keine Aufbruchstimmung, auch nicht im Gericht Erding; aber die Früchte der großen Bewegung dieses Jahres in Deutschland erreichten auch das Erdinger Land. Die Gesetze des Reformlandtags vom Frühjahr 1848, nach dem Rücktritt Ludwigs I., brachten die Beseitigung der

Uraufnahme der Stadt Erding, 1848

Grundherrschaft und das Ende der adeligen Gerichtsbarkeit. Die Patrimonialgerichte wurden staatlich, die Polizeigewalt der adeligen Ortsherren erlosch ebenfalls, „die Dienstleistungen und persönlichen Abgaben der Bauern wurden entschädigungslos aufgehoben, das bäuerliche Nutzungsrecht an Grund und Boden wurde in Eigentum verwandelt, gegen einen Bodenzins, der auf günstige Weise abgelöst werden konnte" (Spindler-Rall). Gleichzeitig erhielten alle Staatsbürger, die eine direkte Steuer entrichteten, das Wahlrecht. Damit war das Ende der bäuerlichen Abhängigkeit gekommen, die seit der Agilolfingerzeit gedauert hatte. Auch in der Stadt Erding standen vier Anwesen in grundbarer Abhängigkeit: Die Anwesen des Obermüllers und des Niedermüllers sowie ein Wirt gehörten zur Grundherrschaft des Rentamts Erding, der Sedelhof des Grafen von Seinsheim, das spätere Schöberl-Anwesen, gehörte zum Patrimonialgericht Grünbach; auch sie wurden aus ihrer alten herrschaftlichen Bindung entlassen.

Im täglichen Leben dürfte sich damit allerdings nicht viel geändert haben, außer der Patrimonialherr war ein ausgesproner Tyrann – doch hört man von solchen Herren nichts, auch stand den Bauern schon seit dem Mittelalter der Weg zum Gericht des Herzogs immer offen. Wenig spürte der Untertan im allgemeinen, in der Stadt noch eher als auf dem Land, von den Segnungen der Verwaltungsreform von 1862 mit der Neuorganisation der Ämter mit der Trennung von Justiz und Verwaltung, einer seit langem in der liberalen Verfassungsdiskussion erhobenen Forderung. Neben das Landgericht trat jetzt das Bezirksamt, das weiterhin im Widnmann-Palais blieb, während das Landgericht, seit 1879 Amtsgericht, ins Rathaus verlegt wurde, später ins Gelände des ehemaligen Kapuzinerklosters. Damit endete die Reform-Ära, die sich über mehr als ein halbes Jahrhundert hingezogen hatte.

Während sich dabei vor 1848 in den ländlichen Gemeinden nicht eben viel geändert hatte und das Leben wie gewohnt weiterging, brachte für die Stadt die Epoche Montgelas' geradezu einen revolutionären Umbruch. Schon unter Kurfürst Karl Theodor war die Selbstverwaltung durch Rat und Bürgermeister immer wieder eingeschränkt worden; doch erst dem Aufklärer Montgelas gelang es, den Staatsabsolutismus in Perfektion auszubilden. Mit dem Gemeindeedikt von 1808 wurde das Stadtgericht, das freilich bisher schon durch den Landrichter wahrgenommen wurde, aufgehoben, wie auch das Stadtregiment überhaupt der strengen Aufsicht des Landrichters unterstellt wurde. Statt des Inneren und Äußeren Rates mit je acht Mitgliedern wurden der Bürgerschaft nur noch vier gewählte Munizipalräte zugestanden, statt der zwei Bürgermeister regierte ein staatlich bestellter „Communaladministrator" die Stadt, zur Seite stand ihm ein Stadtschreiber. 1818 stellte sich der Status der Stadt Erding, die 1813 zur Munizipalgemeinde ernannt worden war – zur Unterscheidung von den Ruralgemeinden –, als Stadt III. Klasse dar, wie auch die übrigen zwölf Landstädte des Isarkreises. Stadtgemeinde I. Klasse war nur München, mit mehr als 10 000 Familien; Stadtgemeinden II. Klasse waren Landshut, Freising und Landsberg mit über 2000 Familien, während Erding damals nur 437 Familien bzw. 1800 Seelen zählte. Die Stadt bildete einen eigenen Steuerdistrikt; im Zuge der Gemeindebildung wurden die zum Steuerdistrikt Altenerding geschlagenen Bezirke um Hl. Blut und St. Paul sowie das zum Steuerdistrikt Langengeisling gehörende Siglfing der Stadtgemeinde zugeordnet.

Erst nach dem Sturz des strengen Absolutisten Montgelas war der Erlaß einer Magistratsverfassung möglich, die den Bürgern im Sinn der Verfassungsbewegung des frühen 19. Jahrhunderts wieder das Recht der freien Wahl der Gemeindeorgane, einen umfassenden eigenen Wirkungskreis, mit Wahrnehmung auch staatlicher Hoheitsaufgaben, insgesamt das von Montgelas entzogene Recht eigenständiger Selbstverwaltung zurückgab. Die Staatsaufsicht wurde auf bestimmte Bereiche eingeschränkt. Festgelegt wurde im Gemeindeedikt vom 17. Mai 1818, das Erding erneut als Stadt III. Klasse bestätigte, im einzelnen das Recht zur Wahl von 18 Gemeindebevollmächtigten, die wieder sechs Magistratsräte, einen Bürgermeister und den Stadtschreiber wählen sollten. Diese Stadtverfassung blieb im großen und ganzen bis 1919 in Kraft. Das Rathaus stand bis 1862 am Stadtturm, die Residenz des Stadtschreibers war damals im späteren Schwankl-Haus am Marktplatz.

Wie schon in den vergangenen Jahrhunderten, als das Stadtrecht weithin die städtische Autonomie gewährleistet hatte, hing es auch im 19. Jahrhundert von den gewählten Persönlichkeiten ab, ob die Selbstverwaltung auch im Sinn der Bürger funktionieren würde. Wie bisher schon lag auch noch in der nächsten Zukunft das Stadtregiment in den Händen weniger Familien; so war der Seifensieder Franz Eisenreich aus der

Die Stadt von Nordwesten, nach einer Zeichnung Alois Facklers aus dem Jahr 1818 (Seidenstickerei der Erdinger Gold- und Silberarbeiterstochter Rosa Pöllath, um 1820)

bekannten Ratsfamilie 1813 bis 1818, dann wieder von 1836 bis 1854 Bürgermeister. Die herausragende Persönlichkeit, die dem Stadtregiment in der ersten Hälfte des 19. Jahrhunderts ihren Stempel aufprägte, war der Stadtschreiber Alois Mandl, der dieses Amt von 1818 bis 1859 bekleidete, zu aller Zufriedenheit. 1859 wurde ihm das goldene Ehrenzeichen des Verdienstordens der Krone Bayern verliehen. Von ihm gingen maßgebliche Impulse aus, von denen noch die Rede sein muß.

Ein Jahrhundert ruhiger Entwicklung

Nicht nur die Stadtverfassung von 1818, die auf Stabilität, auf die Garantie eines ruhigen Gangs der Dinge angelegt war, der Charakter der Epoche selbst war nicht dazu angetan, stürmische Dynamik zu erzeugen. Nach den großen Umwälzungen der Jahrhundertwende, nach den Drangsalen der Revolutionskriege gehörten die nächsten Jahrzehnte der Konsolidierung nach dem Sturm; im Alten Bayern blieb auch der revolutionäre Einschnitt von 1848 ohne spürbare Wirkung im Bereich der Gemeindepolitik oder des wirtschaftlichen und kulturellen Lebens.

Ein Spiegelbild der im großen und ganzen jahrzehntelang stagnierenden Entwicklung ist bereits der demographische Befund. Nach dem Kataster hatte die Stadt Erding 1818 279 Häuser und 431 Familien bzw. 1805 Einwohner, der Markt Dorfen 202 Häuser, 219 Familien, 329 Einwohner, der Markt Wartenberg 117 Häuser, 117 Familien, 549 Seelen. Deggendorf hatte damals ca. 2500 Einwohner, Burghausen ca. 2300, Eggenfelden ca. 1100, Wasserburg 1938, Tölz an die 2200, Kelheim 1845, Landsberg fast 2700, Pfaffenhofen ca. 1600, Traunstein ca. 2200, Weilheim ca. 2400, Freising fast 3200. Bis 1825 war die Bevölkerung Erdings auf 1947 Einwohner angewachsen, bis 1875 auf 2652 Seelen, bei 336 Häusern. Ähnlich verlief die demographische Entwicklung auch bei den schon genannten ober- und niederbayerischen Städten: Deggendorf hatte um 1850 ca. 4000 Einwohner, Eggenfelden etwa 1600, Wasserburg an die 2800, Kelheim um 2500,

Landsberg etwa 2300, Pfaffenhofen knapp 2100, Traunstein ca. 2500, Freising um 5400. In Burghausen und Weilheim stagnierte die Bevölkerungszahl. Auch auf dem Land verlief die Entwicklung keineswegs stürmisch. Langengeisling hatte 1817 91 Häuser und 458 Einwohner, Altenerding 1840 bei 70 Häusern 380 Einwohner, 1875 bei 81 Häusern 435 Einwohner. Klettham war damals nicht viel kleiner, bei 54 Häusern zählte es 269 Einwohner, Siglfing 119 Einwohner bei 22 Häusern, Kehr 23 Einwohner in zwei Anwesen, Sankt Paul 23 Einwohner in vier Anwesen.

Die wirtschaftliche Entwicklung war auch im 19. Jahrhundert noch lange behindert durch die Zunftschranken. Zwar wurde 1804 bereits der Zunftzwang aufgehoben, doch die Zünfte selbst blieben bestehen; die Aufsicht über sie lag beim Magistrat, das heißt bei den städtischen Honoratioren, die mit den Interessen der Handwerksmeister aufs engste verbunden waren. 1821 ging zwar die Aufsicht über die Zünfte ans Landgericht, gegen den Protest der Stadt, 1825 wurden die Zünfte sogar beseitigt und durch freie Gewerbevereine ersetzt, aber bereits 1834 wurde die Gewerbefreiheit wieder beschränkt, 1853 wurde bestimmt, daß die Gemeinde bei der Zulassung von Handwerksbetrieben gehört werden müsse. Damit lag nach wie vor, bis über die Jahrhundertmitte hinaus, nicht anders als Jahrhunderte vorher, die Ausschaltung jeder Konkurrenz für die etablierten Meister in den Händen des Magistrats, an eine wirtschaftliche Expansion war von vornherein nicht zu denken. Die Gewerbestatistik sieht entsprechend aus. Um 1820 gab es in Erding 226 Gewerbebesitzer, bei 1947 Einwohnern, von denen ca. 600 als Dienstboten, Gesellen oder unbemittelte Personen gezählt werden. In der Statistik sind 72 verschiedene Gewerbe ausgewiesen; 1805 waren es, vorübergehend, nur 62, 1839 wieder nur 67, 1855 dagegen 78. Am deutlichsten spiegelt die Entwicklung, da der zeitweilige Ausfall einzelner Gewerbe zweifellos von personellen Umständen bedingt war, die Fluktuation bei wenigen besonders ins Auge fallenden Gewerben wider. Drei Gruppen zeichnen sich dabei ab: die für Erding seit dem ausgehenden Mittelalter besonders kennzeichnenden Loderer und die für einen Marktort typische Bereitstellung von Lebensmitteln, schließ-

Die Lange Zeile zum Freisinger Tor (Fotografie, um 1860)

Blick vom Haager Tor zum Alten Rathaus (Fotografie, um 1860)

Landshuter Straße und Schrannenplatz, um 1920

lich jene Gewerbe, die für die ländliche Bevölkerung, die zum Markttag kommt, besonders wichtig sind. In diesem Bereich gab es von 1805 bis 1855 fast keinerlei Bewegung. Die Zahl der Bäcker mit zwölf und der Bierbrauer mit acht blieb ein halbes Jahrhundert konstant; Wirte, 1805 zwölf, 1839 nur noch neun, zählte man 1855 14; die Metzger gingen von 13 1805 und zwölf 1820 auf elf zurück. Ohne ins Gewicht fallende Veränderung blieben auch die Zahlen für Hufschmiede (4), Kistler (4), Lederer (4), Sattler (4), Schneider (8–7), Schuster (8–9) und Wagner (3) konstant, ebenso wie die der Weißgerber (3) und Weber (9–8). Auffallend ist nur der Rückgang des für Erding wichtigsten Gewerbes, jenes der Loderer; 1805 waren es noch 47, 1820 46, 1839 30, 1855 38. Der Niedergang dieses einstmals für die Versorgung der Bauern mit wetterfester Kleidung wichtigen Gewerbes setzte sich also langsam, aber unaufhaltsam fort, wobei die gleichen Faktoren maßgebend waren wie vor 1800. Immerhin schien noch um die Jahrhundertmitte die Situation keineswegs bedrohlich.

Diese Einschätzung der wirtschaftlichen Gesamtsituation für Erding hätte aber der Stadtschreiber Mandl, ein äußerst aufmerksamer Beobachter der allgemeinen Entwicklung, sicherlich nicht geteilt. Er vermochte zwar an der Einstellung der Bürgerschaft im allgemeinen nicht viel zu ändern, auch sein eigenes Beispiel, das er durch Gründung einer Wollspinnerei und einer Schleifanstalt gab, zeigte keine Wirkung, doch er kannte die Zeichen der Zeit sehr wohl. Im Hinblick auf die Erdinger Getreideschranne, den wichtigsten Erwerbszweig der Stadt, von dessen Florieren die Existenz einer ganzen Reihe von Gewerbebetrieben abhing, äußerte er in einer Denkschrift von 1854 ahnungsvoll: „Erding lebt nur von seiner Schranne, und wenn diese fällt, so sind die Hälfte der Einwohner dem Bettelstabe hingegeben, welche sich bisher von der Schrannenarbeit nährten." Wenige Jahre später bereits (1858) verlagerte sich durch die Eröffnung der Bahnlinie München–Landshut, wie Volker Press feststellt, die jahrhundertelang bestimmende Achse München–Erding–Landshut, der Verkehr orientierte sich nach Freising. Die Schranne, bisher der wichtigste Umschlagplatz für niederbayerisches Getreide nach München, wurde richtiggehend ausgetrocknet. 1811/12 wurden mehr als 46 000 Scheffel verkauft, in München 170 000, in Landshut nur 40 000, in Straubing 25 700. 1817 betrug das Angebot in Erding 62 000 Scheffel, 1852/53 94 181, zuletzt, nach der Jahrhundertmitte, gab es sogar nach Press einen Rekordumsatz von 125 000 Scheffeln. Dann aber führte der billigere Bahntransport die Masse des Getreideangebotes in Zukunft an Erding vorbei. Aber schon ab 1855 nahm die Erdinger Schranne mit 87 883 Scheffeln Verkauf nur noch den fünften Platz ein, weit überholt von Landshut mit 113 614 Scheffeln. 1862 wurden in Erding noch 90 000 bis 100 000 Scheffel angeboten. Als 1865 die neue Schrannenhalle – deren Bau Mandl schon 1841 vorgeschlagen hatte – erbaut wurde, an der Stelle des Alten Rathauses, war die große Zeit der Erdinger Schranne bereits endgültig vorbei.

Inwieweit von dieser Entwicklung auch die Wirte, Bäcker und Metzger in Erding betroffen waren, oder auch die übrigen an den Bauern verdienenden Gewerbe, ist noch nicht erforscht. Ein gewisses Indiz für fortdauernde wirtschaftliche Prosperität kann man vielleicht in der Entwicklung der Sparkasseneinlagen ausmachen. 1826 gelang es dem Stadtschreiber Mandl, gegen langen Widerstand des Landrichters und der Münchner Regierung, in Erding eine Sparkasse zu gründen, die zweite Sparkasse in Oberbayern. Sie war vor allem dazu gedacht, Dienstboten, Taglöhner und Handwerksgesellen anzuregen, für ihr Alter oder zur Überbrückung schwieriger Zeiten eine Rücklage anzulegen – diesen Zweck, Hilfe zur Selbsthilfe also, hielt noch 1843 eine Verordnung Ludwigs I. ausdrücklich fest. Die Sparkasse, die 3 bis 4 Prozent Zins anbot, florierte ungemein; die erste Einlage 1826 betrug 1800 Gulden, 1841 wurden bereits 400 000 Gulden eingelegt, nur von 1840 bis 1843 zeichnet sich eine kurze Krise ab. Bis 1876 stiegen die Einlagen bis auf 1,2 Millionen Mark, in Gulden 480 000. Zunächst war die Sparkasse im Alten Rathaus untergebracht, 1864 bis 1953 im „Grafenstock", wieder also im Rathaus der Stadt.

Trotz der ständig zurückgehenden Bedeutung der Erdinger Schranne also, trotz der nachlassenden Nachfrage nach Erdinger Loden ist von einem wirtschaftlichen Tiefstand um 1850 nichts zu bemerken. Immer noch galt offenbar die Feststellung Westenrieders von 1789, daß die Erdinger Handwerker und Gewerbetreibenden zwar nicht reich, aber durchaus wohlhabend gewesen seien. Zukunftsweisend war auch der seit 1834 existierende Gewerbs-Verein, der eine Reihe von Gewerben zu gegenseitiger Unterstützung zusammenschloß. Auffallende Erscheinungen waren indessen jetzt selten geworden, im Gegensatz zur Kunstblüte des 18. Jahrhunderts. Ein später Nachfahre der Meister des 18. Jahrhunderts war der Kunstmaler Renauer, der bei der Restaurierung der Kirche St. Johann und bei den Kirchen von Langengeisling und Altham beteiligt war. Ein Erdinger Kirchenmaler war auch Johann Nepomuk Carl. Spektakulär war der Erfolg des Erdinger Glockengießers Joseph Bachmair, der 1873 die „Ave-Maria-Glocke" für Nazareth goß – eine Stiftung bayerischer Pilger.

Pläne für neue wirtschaftlich interessante Projekte scheiterten nicht nur am Unverständnis der städtischen oder staatlichen Behörden, wie der Vorschlag Mandls von 1862 zur Gründung einer Gasanstalt. König Ludwig I. selbst schaltete sich 1836 ein, als die Stadt den Bau einer Fleischbank beschlossen hatte, und nörgelte an den Plänen herum. Es war schwer, neue Wege zu er-

Erding – Hl. Blut: Emeritenhaus der Bartholomäer, Mesner- und Waisenhaus, Leprosenhaus (Gouache von Franz Alois Euler von Chelpin, um 1825)

schließen, man bewegte sich lieber in gewohnten Bahnen. Am sichersten schien noch der Erwerb von Liegenschaften; 1825 konnte die Stadt den Grafenstock kaufen, das barocke Stadtpalais der Grafen Preysing, 50 Jahre später gelang der Ankauf des Schloßguts Hl. Blut, des ehemaligen Emeritenhauses der Bartholomäer, mitsamt dem 1827 angelegten Park, die bedeutendste Erwerbung des Jahrhunderts für Erding. 1807 war es im Tausch gegen das Stadtpalais des Freiherrn von Widnmann an dessen Erben gegangen, 1877 war es im Besitz der Witwe des Freiherrn Walter von Grainger, Franziska, geborene von Widnmann.

Gescheitert wäre beinahe auch der für die wirtschaftliche Zukunft Erdings und des ganzen Umlands unerläßliche Anschluß an das bayerische Eisenbahnnetz. Ein solcher Versuch war unerläßlich, da der 1808 aufgehobene Postdienst von Thurn und Taxis, mit der Verbindung Mailand – Como – Innsbruck – Rosenheim – Erding – Landshut – Pilsen – Prag, der Anschluß also an das europäische Postnetz, nur unzureichend ersetzt worden war. Bis 1843 lief die Verbindung über München oder Freising; ein- oder zweimal die Woche war der dafür abgestellte Bote tätig. Erst 1843, als das Oberpostamt München den Gesamtpostdienst zu Erding dem Bierbrauer Joseph Fischer, dem Inhaber des Gasthofes zur Post, übertrug, besserte sich die Lage; die tägliche Postbeförderung nach Freising und nach Taufkirchen kam aber erst 1855 zustande. 1859 schließlich wurde auch die Verbindung nach München eröffnet, 1869 die Telegraphenstation. Weitere Entfaltungsmöglichkeiten konnte aber erst das Zustandekommen des Eisenbahnanschlusses garantieren. Schon 1862 wurden die ersten Schritte in diese Richtung unternommen; die Initiative dazu ging vom Bürgermeister Wilhelm Weindler aus, der als Kaufmann die neuen Möglichkeiten richtig einschätzte. Gefördert wurden seine Pläne durch Graf Seinsheim von Grünbach und den Gutsherrn von Aufhausen, den Landtagsabgeordneten Max von Auer. Verschiedene Vorschläge, wie man Erding in die Verbindung München–Simbach direkt einbeziehen könnte, beziehungsweise eine Verbindung von Landshut nach Rosenheim über Erding zu führen, stießen auf unüberwindlichen Widerstand im Finanzministerium. Erst der von Weindler 1869 beantragte Bau einer Vizinalbahn, die Anschluß an die im Bau befindliche, 1871 dann eröffnete Linie München–Mühldorf finden sollte, wurde noch 1869 vom Landtag beschlossen; gefördert wurde dieser Beschluß durch die Zusage der Stadt, die Kosten mitzutragen. 110 000 Gulden, die aus dem Bieraufschlag aufgebracht werden sollten, waren dafür veranschlagt; bis 1876 war dieser Betrag tatsächlich aufgebracht. Im November 1872 wurde die Linie Markt Schwaben–Erding eröffnet. Gleichzeitig wurde die Postexpedition Fischer aufgelöst, der Postdienst wurde mit dem Bahndienst vereinigt; 1890 bekam dann Erding ein eigenes Postamt. Der Plan einer Weiterführung der Bahn nach Landshut wurde 1879 aus finanziellen Gründen vom Landtag abgelehnt, blieb aber in der Diskussion – freilich so vergeblich wie auch die Pläne für andere Trassen.

Mit der Verwirklichung des Anschlusses der Stadt Erding an das europäische Eisenbahnnetz waren alle damit verbundenen zukünftigen Entwicklungsmöglichkeiten offengehalten, auch wenn die erhofften Früchte noch lange ausblieben. Nicht anders sah es zunächst mit der in jeder Hinsicht wichtigsten Investition in die Zukunft aus, mit der Schule. Zwar fehlte es auch jetzt nicht an Förderern; der Bürgermeister Franz Eisenreich stiftete 1842 einen Sittenpreis, ebenso Pfarrer Danner, und der Benefiziat Zollner machte 1818 eine Schenkung von 21 000 Gulden für die Fortbildung der Handwerker, doch konnte private Initiative keinen allgemeinen Aufschwung bewirken. Seit 1802 war allerdings das Schulwesen nicht mehr allein Sache der Gemeinden, die Volksschule war Regierungsanstalt geworden. Bis 1821 war die Erdinger Volksschule im Stadt-Türmerhaus neben dem Münchener Tor untergebracht. 1821 erwarb dann die Stadt das Rentamtsgebäude in der Langen Zeile und bestimmte es zum Schulhaus, 1860 wurde der Neubau errichtet. 1802 unterrichteten zwei Lehrer, um die Mitte des 19. Jahrhunderts dann vier. Ein Schulinspektor führte die Schulaufsicht. Die einstige Lateinschule der Bartholomäer wurde weiterhin von den Stadtbenefiziaten betreut. In Altenerding unterrichteten ein Lehrer und ein Hilfslehrer, 1848 und 1878 wurde das alte Schulhaus erweitert, die Volksschule in Langengeisling bestand ebenfalls weiter.

Mehr als die Bemühung um den Erhalt des bestehenden Zustandes läßt sich demnach in Erding und den Nachbargemeinden nicht konstatieren, fast ein Jahrhundert lang. Daß das zuwenig war, zeigt der unglaubliche Rückgang der Zahl der Erdinger Absolventen am Wilhelms-Gymnasium München. Findet man dort bis gegen Ende des 18. Jahrhunderts fast jährlich einen Namen aus Erding, so sind es von 1800 bis 1856 ganze elf, darunter nur noch fünf Söhne von Handwerksmeistern. Drei der Absolventen wurden Weltgeistliche – einer von ihnen, Johann Georg Dreer (gestorben 1885), wurde Dompropst von Augsburg; zwei Absolventen besuchten später die Universität Landshut. Allerdings sind allein von 1800 bis 1826 als Studenten an der Universität Landshut elf Erdinger ausgewiesen, die also an anderen Gymnasien für ihre Studien vorbereitet wurden. Die ermittelten Zahlen können demnach bestenfalls einen Trend angeben, zuverlässige Ergebnisse lassen sich nur durch ausgedehnte Untersuchungen ermitteln. Es zeigt sich aber doch ein deutlicher Rückgang, der zweifellos von einer ganzen Reihe von Faktoren verursacht ist, unter anderem wohl auch von der

Stagnation der Erdinger wirtschaftlichen Entwicklung, der aber sicher in erster Linie zusammenhängt mit den Folgen der Säkularisation, der Aufhebung vor allem des Instituts der Bartholomäer, deren segensreiches Wirken sich gerade in dieser Negativfolie am deutlichsten manifestiert. Auch wenn von den Bartholomäern vor allem Anregungen für künftige Priester- und Ordensberufe ausgegangen waren, so hatten doch weit mehr als die Hälfte der Erdinger Absolventen des Jesuiten-Gynasiums, die seit 1647 samt und sonders durch die Schule der Bartholomäer gegangen waren, weltliche Berufe ergriffen. Auf jeden Fall waren von ihnen Impulse ausgegangen, deren Einfluß auch auf das öffentliche Leben der Stadt, auch auf die wirtschaftliche Entwicklung kaum abgeschätzt werden kann.

Die Folgen der Säkularisation, für Erding ein unübersehbarer „Rückschritt" (V. Press), für die Seelsorge im Erdinger Raum sind ebenfalls kaum abzuschätzen. Die Kapuziner verschwanden völlig; damit fiel ihre Bedeutung für die außerordentliche Seelsorge weg, Beichthören, Betreuung der Wallfahrt, Volksmission. Die Neugründung von Ordensniederlassungen durch König Ludwig I. sparte Erding aus, doch konnten 1847 die Barmherzigen Schwestern, deren Münchner Niederlassung 1832 errichtet worden war, für die Krankenpflege im städtischen Krankenhaus gewonnen werden. Auch die „Kleinkinderbewahrungsanstalt", die nach Vorbildern in München und Freising aufgrund einer Denkschrift des Stadtschreibers Mandl von 1843 endlich 1855 ins Leben getreten war, untergebracht im alten Spitalhof, dem späteren Antoniusheim, und die zunächst im Rahmen der Pläne Mandls zur Arbeitsbeschaffung für Frauen wirksam werden sollte, wurde von den Armen Schulschwestern übernommen, die 1833 von Carolina Gerhardinger gegründet und von Ludwig I. gefördert worden waren. Die Anstalt erhielt reiche Zuwendungen, unter anderen von der Witwe des Posthalters Friedrich Fischer, Katharina Fischer, von Freifrau von Grainger, dem Ehepaar D'All'Armi und dem Stadtpfarrer Dr. Gehling.

In der Pfarreiorganisation änderte sich grundsätzlich nichts, außer daß das Präsentationsrecht für den Pfarrer von Altenerding vom Stift St. Johann in Freising an den bayerischen König überging. Seit 1801 war auch Protestanten die Niederlassung in Bayern gestattet; ein Zuzug von Protestanten nach Erding ist aber erst seit 1840 nachweisbar, 14 wurden damals gezählt.

So wohlgesonnen übrigens Ludwig I. auch der Kirche gegenüber im allgemeinen war, so strikt bestand er auf seinem Recht, der Kirche auch Vorschriften zu machen, wobei er auch sehr kleinlich wirken konnte. So genehmigte er persönlich Bittgänge nur für den Sonntag, die Aufführung der Leidensgeschichte des Herrn im Theater lehnte er ausdrücklich ab und wollte sie nur unter freiem Himmel gestatten, auch der Stiftung eines Benefiziums durch die Witwe des Ratsherrn Brandtstätter machte er Schwierigkeiten.

Einschneidende Veränderungen hingen aber nur zum Teil mit der Säkularisation zusammen, so die Profanierung der Liebfrauen-Kirche, die seit 1826 als Feuerwehrhaus und für Wohnungen genutzt wurde, oder der Abbruch der Kapuzinerkirche St. Salvator. Die Umgestaltung der Kirche St. Johann dagegen hing mit anderen Voraussetzungen zusammen; die neugotische Restaurierung, eine Folge des Geschmackswandels unter dem Einfluß der Nazarener, vollzog sich in mehreren Stufen von 1848 bis 1899, zum Teil gegen den Widerstand der Bevölkerung, getragen vom 1866 gegründeten Kirchen-Restaurierungs-Verein, im letzten Stadium gefördert vor allem vom Pfarrer und Landtagsabgeordneten Simon Knoll. Stiftungen vom Bürgermeister Franz Eisenreich (Tabernakel) und vom Ehepaar Fischer (Kanzel) erleichterten die Finanzie-

Erding 1841 (Feder und Gouache von Johann Diermayer)

rung. Beteiligte Künstler waren der Münchner Bildhauer Anselm Sickinger (Hochaltar) und der Münchner Architekt Johann Marggraff.

Die in der zweiten Hälfte des Jahrhunderts neuerwachte Aktivität im öffentlichen Leben der Stadt Erding zeigte sich auf vielen Gebieten. Ein schönes Zeugnis des erwachenden Sinns für Geschichte und Tradition, wie sie andernorts die von Ludwig I. so geförderten Historischen Vereine boten, stellt das vom Kaufmann Anton Bachmair 1856 begründete Heimatmuseum dar; die Keimzelle war das Zeughauszimmer mit Waffen und Fahnen. Nicht in Erding, sondern in Oberdorfen entstanden, war diesem Geist besonders verpflichtet die an Nachrichten ungemein reiche Landgerichtsbeschreibung des Lehrers Bernhard Zöpf. Auch das Vereinsleben blühte auf. Konnte die Gründung der Gesellschaft „Concordia" 1840, deren Vorbilder in München oder Regensburg bereits in die Zeit des Wiener Kongresses fallen und gewissermaßen die Jahrzehnte des Biedermeiers einleiten, die Gründung der „Liedertafel" 1842 oder der „Königlich Privilegierten Feuerschützengesellschaft Erding" noch dem späten Biedermeier zugerechnet werden, so paßt die Gründung des „Turn- und Feuerwehr-Vereins" 1862 nicht mehr ganz zur gemütlichen Behaglichkeit jener Strömung, wie sie die Bleistiftzeichnung des „Landstädtchens" von Carl Spitzweg widerspiegelt, der 1825 einige Monate zur Ausbildung in der Stadtapotheke Erding weilte, oder die ansprechenden Aquarelle und Zeichnungen, Ansichten von Altenerding, St. Paul und Hl. Blut wie von Ausschnitten des Stadtbildes, die vom kg. Aufschläger zu Erding F. A. von Chelpin und Pfarrer Johann Diermayer von Langengeisling stammen und im Heimatmuseum zu sehen sind. Der Krieg von 1866, noch mehr der auch von Erding seine Opfer fordernde Krieg von 1870/71 waren nicht nur Zäsuren in der deutschen und bayerischen Geschichte von unübersehbarer Wirkung, ihre Folgen veränderten, auch wenn das nicht sogleich zum Ausdruck kam, in wenigen Jahren auch von Grund auf die gesamte Einstellung zum Aufgabenbereich einer Stadt bei der Bürgerschaft wie bei ihren gewählten Vertretern. Das erste Anzeichen, das in diese Richtung wies, war bereits das erfolgreiche Ringen um den Bau der Eisenbahn gewesen, der ja kein Geschenk des Staates war, sondern durch die Bürger erkämpft, zum Teil auch durch sie finanziert worden war. Voll zur Geltung kam dieser neue Geist dann in jener Epoche, die man gern die Gründerzeit nennt, eine Epoche jedenfalls bewußt einsetzender Modernisierung auf allen Gebieten.

Gründerzeit und Modernisierung

Neuerungssucht, Fortschritt um jeden Preis war noch nie ein beherrschender Zug im Charakterbild des bayerischen Menschen, doch Rührigkeit, Erwerbssinn, zupackende Gestaltungskraft fehlten eigentlich auch nie. In großen Aufbruchszeiten war man durchaus bereit, sich dem allgemeinen Zug anzuschließen, wenngleich nicht gerade immer mit Enthusiasmus. Gewissermaßen als typisch für diese Art kann man Prinzregent Luitpold ansehen, der den größten Teil der Epoche seit der Gründung des neuen Deutschen Reiches unter preußischer Hegemonie an der Spitze Bayerns stand. Er ließ, so gut es ging, die Verhältnisse in der Schwebe, wollte nicht, daß etwas verändert würde, sondern zog den ruhigen Gang der Entwicklung jeder möglichen Initiative vor. Aber er stemmte sich auch nicht gegen die Zeit und ließ seine Minister regieren; nicht sein Verdienst, trotzdem mit seinem Andenken verbunden war die gute alte Zeit, die eigentlich ein Ergebnis nicht des Beharrens, des Festhaltens am alten war, sondern des allgemeinen wirtschaftlichen Aufschwungs der ganzen Epoche, die das Deutsche Reich im allgemeinen besonders kräftig erfaßte, Bayern aber auch nicht gänzlich aussparte.

Auch Bayern begann jetzt Anteil zu nehmen an der industriellen Entwicklung und der mehr und mehr um sich greifenden Modernisierung in der Wirtschaft und im städtischen Leben. 1852 war Bayern noch fast reines Agrarland; 1895 waren noch 46 Prozent der Bevölkerung in der Landwirtschaft tätig, 1907 nur noch 40 Prozent. Der Anteil Bayerns an der Großindustrie blieb allerdings nach wie vor bescheiden, und die Dörfer im Erdinger Land spürten noch lange Zeit keine ernsthafte Veränderung, noch immer wurde die Landwirtschaft in sehr beengten Verhältnissen betrieben, nur die unglaubliche Genügsamkeit der kleinen Landwirte in der Vorkriegszeit ließ den gesamten Stand die Krisen der siebziger und neunziger Jahre ohne wesentliche Erschütterungen überstehen. Das Volkseinkommen im Deutschen Reich lag um die Jahrhundertwende im Durchschnitt bei etwa 750 Mark im Jahr, in Bayern bei 625 Mark, hier gab es auch nur wenig Spitzeneinkommen. Große Veränderungen waren damit, angesichts der allgemeinen Zurückhaltung mit großzügigen privaten Investitionen, nicht zu erwarten; auch von dem Kapitalzufluß ins Reich nach dem Krieg gegen Frankreich war in Bayern wenig zu verspüren.

Aber so wie in der behaglichen Biedermeierzeit konnte es jetzt auch in Erding nicht mehr weitergehen, führte doch schon der Bahnanschluß seit 1872 zu immer häufigeren Begegnungen der Erdinger Bürger mit den Verhältnissen in den größeren Städten im Umkreis, die sich Schritt für Schritt den allgemeinen Anforderungen der neuen Zeit öffneten.

Große Bewegung war freilich auch jetzt immer noch nicht zu konstatieren. Die Bevölkerungszahl betrug immer noch nicht mehr als 2500; das Stadtgebiet wuchs nur unwesentlich, auch wenn es 1877 gelang, das Schloßgut Hl. Blut mit dem dazugehörigen Park für die Stadt zu erwerben (wobei die Gemeindezugehörigkeit aber nicht wechselte). 1904 betrug die Gesamtfläche nur 511 Hektar. Aber in der Amtszeit des tatkräftigen Bürgermeisters Wilhelm Weindler, der schon in der Durchsetzung des Eisenbahnanschlusses erfolgreich gewesen war und dem rührige Magistratsräte wie der Schlossermeister Rudolf Koschade, der Kaufmann Max Ulrich Kraus, Theodor Ortner, der spätere Bürgermeister, und der Buchdrucker Josef Schwankl zur Seite standen, trat auch Erding, das beherrschende Zentrum im weiten Umkreis, der Sitz eines Bezirksamts, Landgerichts bzw. Amtsgerichts, Rentamts und Notariats, mit Postamt und Bahn, in die Epoche der urbanen Modernisierung ein.

Die bedeutendste Errungenschaft war wohl der Bau des kleinen städtischen Elektrizitätswerks an der Reißermühle zu Altenerding; erstmals 1892, beim landwirtschaftlichen Bezirksfest, gab es in Erding elektrisches Licht. 1902 wurde dann unter Bürgermeister Michael Ferstl (1899–1905) am Stauweiher unterhalb Eittings das große Elektrizitätswerk errichtet, das bis in unsere Gegenwart Dienste tat. 1888 wurde auch der städtische Schlachthof neu gebaut, der vorher an der Semptbrücke Richtung Landshut gestanden hatte. Die Wasserversorgung wurde seit 1903 durch den Bau eines neuen Wasserwerks und weitere Modernisierungsmaßnahmen, vor allem durch die Errichtung des großen Wasserturms 1914, entscheidend verbessert. Auch wenn es trotz aller Bemühungen der Bürgermeister Weindler, Theodor Ortner und Michael Ferstl nicht gelang, die Eisenbahnlinie bis Landshut weiterzuführen, so hatten doch andere Initiativen Erfolg und eröffneten neue Möglichkeiten, so die Verlegung des königlichen Landgestüts nach Erding 1903, das bis 1923 bestand, mit dem großen Areal zwischen Landshuter und Dorfener Straße, oder die Gründung der Geflügelzuchtanstalt. Die Landwirtschaft wurde nicht nur gefördert durch die Gründung einer Lagerhausgenossenschaft 1900 und des landwirtschaftlichen Bezirksvereins 1910, sondern vor allem durch die Gründung einer landwirtschaftlichen Winterschule 1898, der zweiten in Oberbayern, die im Schrannenhaus untergebracht wurde. 1896 zogen die Armen Schulschwestern in Hl. Blut ein, 1909 wurde am heutigen Grünen Markt ein neues Knabenschulhaus erbaut. Der Erweckung von Heimatgefühl und Geschichtsbewußtsein sollte die 1911 unter Bürgermeister Friedrich Herbig durchgeführte Erweiterung des Stadtmuseums dienen.

Entscheidend waren vor allem die Fortschritte im Gesundheitswesen und in der sozialen Fürsorge. 1884, noch unter Bürgermeister Weindler, wurde ein neues Krankenhaus gebaut, die Josefi-Anstalt wurde dadurch für die Altenpflege frei; 1888 wurde ein Armenhaus zur Aufnahme von Pfründnern und hilfsbedürftigen Gemeindearmen errichtet, betreut von den Barmherzigen Schwestern; 1891 erfolgte, aus dem Nachlaß des Posthalter-Ehepaares Friedrich und Katharina Fischer, die Wohltätigkeitsstiftung zugunsten armer und alter Erdinger Bürger. 1900 wurde dann aus

Städtisches Krankenhaus, Neubau des Jahres 1884 in der Umgestaltung von 1914 (Fotografie, um 1920)

den Mitteln dieser Stiftung, die durch den Ertrag der Fischer'schen Brauerei, der „Stiftungsbrauerei", finanziert wurde, der Bau des Altersheims am Stadtpark möglich. Dort wurde 1914 auch eine Badeanstalt angelegt.

Von der das Zeitalter prägenden Industrialisierung, in Bayern insgesamt erst in den Anfängen, waren in Erding in diesen Jahrzehnten kaum Ansätze zu spüren; auch die vom Stadtschreiber Mandl gegründeten Unternehmungen schlugen in der Weiterführung durch seine Nachkommen ausnahmslos fehl. Eine Arbeiterschaft wie in den großstädtischen Industriegebieten, an Rhein und Ruhr, an der Saar und in Oberschlesien, die, aus allen Bindungen an Familie und Dorfgemeinschaft herausgerissen, sich heimatlos und schutzlos fühlte und in Gewerkschaft und SPD familiäre Einbindung, Schutz und Sicherheit suchte, gab es in Bayern deshalb lange Zeit nur in den Großstädten, und auch hier war sie vergleichsweise schwach. 1893 konnte die SPD im bayerischen Landtag nur fünf Sitze erobern, erst 1907 stieg die Zahl ihrer Abgeordneten auf 20. Das war die Zeit, als auch in Erding die SPD Fuß faßte. 1913/14 zählte sie 30 Mitglieder. Es gab eine Gewerkschaft der Bäcker; es waren zumeist ehemalige Handwerksgesellen, wie der Drexler Simon Schmidmayer, die auf ihrer bis 1914 immer noch herkömmlichen Wanderung eine andere Welt kennengelernt hatten. Von Klassenkampfideologie waren sie aber ebenso frei wie die gesamte bayerische SPD unter Führung von Georg von Vollmar, den dafür freilich 1892 das Verdikt der Parteiführung in Berlin getroffen hatte.

In Erding dominierte, ohne daß spürbare Impulse von seinen Vertretern ausgegangen wären, in der Landespolitik das Zentrum; das Stadtregiment war weiterhin in den Händen der alten Eliten, der Kaufleute, Handwerksmeister, Gastwirte oder Bierbrauer. Die Namen auf der Liste der Bürgerschaft von 1878 sind den älteren Erdinger Bürgern immer noch vertraut: unter den Magistratsräten Bartlmä Winter, der Schlossermeister Rudolf Koschade, der Kaufmann Max Ulrich Kraus, der Goldarbeiter Theodor Ortner, der Buchdrucker Josef Schwankl, der Seifensieder Josef Huber. Zu den Gemeindebevollmächtigten gehörten der Branntweiner Karl Empl, der Brauer Xaver Haggenmüller, der Kürschner Johann Steigenberger, der Schmied Alois Bauer, der Müller Josef Pointner, der Kaufmann Max Weindler und der Schreiner Johann Koller.

Das öffentliche Leben spielte sich nach wie vor in den Vereinen ab. Zur Liedertafel und dem Turnverein trat nach 1870 der Veteranenverein und der Schützenverein; Johann Baptist Cantler, der „Schalk in der Richterrobe", der von 1879 bis 1895 Oberamtsrichter in Erding war und dessen Ruhm ob der Originalität seiner Urteile und Urteilsbegründungen bis heute anhält, gründete einen Kegelverein. Die Bruderschaften mit ihren Prozessionen und Zunftfahnen gaben den kirchlichen Feiertagen wie bisher ihr festliches Gepräge. Die größte Veränderung im kirchlichen Leben – auch wenn der einschneidende Charakter dieses Vorgangs vielleicht gar nicht empfunden wurde, weil sich im Alltag und in der Feiertagsgestaltung im Grunde wenig änderte, insofern der Pfarrer ohnedies meist in Erding residierte – war die Loslösung der Stadt aus dem Pfarrsprengel von Altenerding 1891, wobei der Pfarrer und langjährige Landtagsabgeordnete Simon Knoll tatkräftig mitwirkte. Erster Stadtpfarrer war Clemens Gehling (1891–1904). Von größeren Katastrophen blieb die Stadt in all den Jahrzehnten seit den Franzosenkriegen verschont, die beiden Hochwasser im Herbst 1888 und 1899 hinterließen wenig Schäden. Um so heftiger erschütterte der Krieg von 1914/18 mit seinen unmittelbaren Auswirkungen und mit seinen Folgeerscheinungen das scheinbar so stabile Gefüge der Stadt an der Sempt.

Katastrophen-jahre (1914–1945)

Krisen in Staat und Gesellschaft

Die allgemeine Stimmung in Deutschland, auch in Bayern, war in der „guten alten Zeit" vor 1914 merkwürdig zwiespältig, weithin herrschte, bei aller wirtschaftlichen Prosperität, Unzufriedenheit mit dem langsamen Fortgang der Entwicklung, am gravierendsten empfand man den wachsenden außenpolitischen Druck, die sich abzeichnende „Einkreisung Deutschlands". „So kann es nicht mehr weitergehen", konnte man landauf, landab hören, selbst von sonst durchaus vernünftigen Leuten. Der Kriegsausbruch im August 1914 wurde vielfach geradezu als erlösendes Ereignis gefeiert, die Begeisterung war zum Teil riesig, wohl auch in Erding. Es gab, gerade in Erding, aber auch warnende Stimmen, ältere Erdinger wußten durchaus davon zu berichten. Die Befürchtungen wurden noch weit übertroffen. 660 Männer aus Erding wurden zum Kriegsdienst eingezogen, ein Drittel der männlichen Bevölkerung; mehr als ein Fünftel davon (125) verschlang der Krieg. Not und Hunger prägten seit Herbst 1915 den Alltag, als die Lebensmittel rationiert wurden. Die Frauen mußten die Arbeit der Männer übernehmen, die Grippe grassierte, Schulhäuser wurden als Lazarette gebraucht. Als seit 1916 immer noch kein Friedensschluß abzusehen war, wuchsen Mißstimmung und Verdrossenheit; sie richteten sich gegen den Hauptverantwortlichen, den Kaiser und das Reich, aber auch dem bayerischen König trug man es nach, daß er sich nicht gegen die Entwicklung gestemmt hatte. Von Unruhen, die seit Ende 1917 im Reich und auch in Bayern immer wieder aufflammten, in Nürnberg vor allem, ist in Erding nichts bekannt. Hier blieb die SPD bei der staatstreuen Haltung, welche die Partei nach der Aufhebung der bisherigen diskriminierenden Bestimmungen seit Kriegsbeginn im ganzen Reich eingenommen hatte, auch in den kritischen Monaten des Jahres 1918. Allerdings stellten sich die führenden Persönlichkeiten sehr rasch auf die neuen Verhältnisse ein. Am 7. November hatte der Unabhängige Sozialdemokrat Kurt Eisner die Republik ausgerufen, am 9. November bereits trat in Erding auf Anordnung der Münchner Revolutionäre der „Rat der Arbeiter, Soldaten und Bauern" zusammen – als erster außerhalb Münchens. Als Vorsitzender zeichnete der Steinmetzmeister Johann Mayer. Unter den Unterzeichnern befanden sich bekannte Namen wie der Kunstmühlenbesitzer Lorenz Pointner, Pius Egner, Xaver Groschberger, Josef Hermannsdorfer oder Matthäus Paukner, Erdinger Bürger also, die, wie auch ihre zukünftige Haltung ausweist, keinen Umsturz wollten, sondern Sicherheit, Ordnung, aber auch eine demokratische Rechtsstruktur. Am 13. November bereits gab der Rat die „freiwillige Erklärung" ab, daß die Stadt sich der neuen Regierung unterstelle und dem „Volksstaat Bayern" dienen werde. Der Kaufmann Friedrich Schiestl, Vorstand des „Gemeinde-Collegiums Erding", verwahrte sich zwar gegen eine „Bevormundung und Überwachung" durch die Räte, mußte aber doch die

Mitglieder des „Volksrats" zu den Sitzungen laden. Von radikalen Beschlüssen ist allerdings nichts bekannt; ein Aufruf des „Soldaten- und Volksrats Erding" vom 20. November belegt vielmehr, daß sich die Leitung besonders um „die gleichmäßige Sicherung des Lebensbedarfes für alle Volksgenossen" kümmerte. Was in Erding an revolutionären Unruhen bezeugt ist, war von außen hereingetragen. Acht Tage nach der Ausrufung der Räterepublik in München vom 7. April 1919, in der Nacht vom 15. auf 16. April, brach in Erding eine Gruppe von schwerbewaffneten Spartakisten ein, entwaffnete die Polizei und nahm eine Reihe von Bürgern als Geiseln mit, unter anderen Friedrich Schiestl, Max Kraus, Emanuel Schwankl, auch den Vorsitzenden des „Vollzugsrats" J. Mayer, dazu Beutestücke im Wert von 45 000 Mark. Der Anführer, ein Münchner Hilfsarbeiter, wurde später zu zwölf Jahren Zuchthaus verurteilt. Noch am 16. April trat daraufhin auch in Erding entsprechend dem Aufruf der Regierung Hoffmann auf Initiative von Bürgermeister Herbig eine „Volkswehr" ins Leben; von den Unruhen, die bis Anfang Mai vor allem den Raum um München betrafen, blieb Erding verschont. Einen Teil der Stadt nur betraf die große Überschwemmung vom 6. September 1920, als nach elftägigen Regengüssen eine meterhohe Flutwelle die Sempt entlang Brücken und Stege zerstörte und ganze Häuser mitriß, so auch das Anwesen des Getreidehändlers Hupfer oder die Schmiede Kirnbergers. Drei Wochen lang war der Zugverkehr blockiert.

Bis wieder das eintrat, was man geordnete Verhältnisse nennt, dauerte es jedoch noch lange Zeit, noch Jahre. Auch in Erding stellten sich zahlreiche ehemalige Soldaten für die Einwohnerwehr zur Verfügung, deren Verbot, von den Siegern erzwungen, zum Konflikt mit der Reichsregierung in Berlin führte. Direkt betroffen war das ganze Volk damals von dem kaum faßlichen Währungsverfall, der solche Fortschritte machte, daß man Gehälter nur noch täglich ausgeben konnte, da bis zum anderen Tag auch die größten Summen schon nichts

Hochwasser im Jahr 1920

Lange Zeile,
um 1930

mehr wert waren. Millionen verflüchtigten sich innerhalb von 24 Stunden. Am Ende, als am 15. November 1923 die Banken die neue Rentenmark ausgaben, stand die Gleichung: eine Rentenmark = 1 Billion Papiermark. Diese Inflation von 1923 erschütterte das gesamte Sozial- und Wirtschaftsgefüge in unvorstellbarem Maß. Tausende von Existenzen in Deutschland brachen zusammen. Relative Stabilität brachte erst die Übernahme der Regierungsgewalt in Bayern durch den Vorsitzenden der stärksten Partei, der Bayerischen Volkspartei, durch Heinrich Held im Sommer 1924. Das war nicht ausschließlich Verdienst der Politik des Bayerischen Ministerpräsidenten. Schon das Ende der bisherigen heillosen Zerrüttung der privaten und öffentlichen Finanzen wirkte beruhigend auf das wirtschaftliche und politische Leben. Die landwirtschaftliche Entwicklung hatte seit dem Krieg, der einen Rückgang der Nahrungsmittelversorgung um ca. 40 Prozent gebracht hatte, seit der Inflation wieder einen mäßigen Aufschwung genommen. Die Inflation hatte zwar eine allgemeine Entschuldung gebracht. Hypotheken und sonstige Schulden konnten ohne Mühe zurückgezahlt werden, aber es fehlte auch an Kapital zur Verbesserung der Böden, die während des Krieges durch Mangel an Düngemitteln verhängnisvoll verarmt waren. Erst seit 1925 zeigte sich bei der Agrarproduktion wie bei den Agrarpreisen wieder eine steigende Tendenz. Bis 1929 stieg der gesamte Lebenshaltungsindex kontinuierlich an, auch die Löhne; ein Alarmsignal bedeutete allerdings die 1927 bereits wieder spürbar ansteigende Arbeitslosigkeit.

Die Beruhigung der wirtschaftlichen und politischen Situation wirkte sich in Erding auch im äußeren Erscheinungsbild aus. Das Stadtgebiet wuchs seit 1904 um ca. 100 auf 603 Hektar und die Einwohnerzahl von 3831 (1910) auf 4271 (1925) bzw. auf etwa 4500 (1928); daran war auch die Eingemeindung von Randgebieten beteiligt, nämlich Hl. Blut mit dem Stadtpark und das Gebiet südlich des Bahnhofs, mit etwa 100 Einwohnern. Die Stabilisierung der Verhältnisse spiegelte sich vor allem im politischen Verhalten der Bevölkerung wider. Das bayerische Selbstverwaltungsgesetz hatte, wie auch beim Landes- und Reichswahlrecht, das allgemeine und gleiche Wahlrecht, und zwar auch für die Frauen, gebracht; das bedeutete, daß in den Wahlen tatsächlich der Wille der gesamten Bevölkerung zum Ausdruck kam. Allerdings änderte sich dadurch doch nicht allzuviel gegenüber der Vorkriegszeit mit ihrem indirekten Wahlrecht und dem Ausschluß der Frauen. Dominierende Partei blieb die Bayerische Volkspartei, wie sich das ehemalige Bayerische Zentrum nach dem Krieg nannte, unter Trennung von der Reichspartei. Ihr Vorsitzender in Erding war immer noch der Malermeister Geheimrat Irl (1859–1953), der den Wahlkreis Erding von 1892 bis 1907 im Landtag, von 1907 bis 1918 im Reichstag vertrat und der 1919 in der verfassunggebenden Nationalversammlung mitgewirkt hatte. Von 1920 bis 1931 vertrat er den Wahlkreis Mühldorf-Wasserburg. Seit 1902 war er als Vertreter der Bürgerschaft im Stadtrat, er gilt als Gründer der Gewerbebank Erding und wirkte maßgebend mit bei der Bayerischen Handwerkskammer. Erster Bürgermeister blieb der seit 1906 amtierende Kaufmann Friedrich Herbig, das Amt des zweiten Bürgermeisters hatte 1919 bis 1925 der sozialdemokratische Maschinenfabrikant Georg Irl inne, 1925 bis 1930 Friedrich Schiestl, ehemals Vorsitzender des Gemeindekollegiums. Im Stadtrat waren u. a. auch der Sattlermeister Johann Mayer, der Bauunternehmer Hans Pointner von der Bayerischen Volkspartei, Josef Funk und Hans Schmidmayer von der SPD. 1930 folgte auf Herbig durch einstimmige Wahl der Kaufmann Dr. Max Lehmer, Mitglied der Bayerischen Volkspartei. Die Wahl war ein bemerkenswertes Zeugnis dafür, daß die demokratischen Kräfte in Erding insgesamt näher zusammenrückten.

Alle Parteien, die im Stadtrat vertreten waren, waren sich offenbar der ungeheueren Herausforderung bewußt, welche die kommenden Jahre bringen sollten.

Einschneidende Veränderungen waren angesichts der immer noch beengten allgemeinen Verhältnisse in den acht Jahren seit 1925, welche die Weimarer Republik noch bestand, nicht zu erwarten, trotz der scheinbaren Prosperität 1928/29. Die Bautätigkeit stand zwar nicht still, aber an großen Unternehmungen ist bis 1928 nur die Anlage von Kleinsiedlungen beim Bahnhof und im Nordwesten der Stadt zu konstatieren. Das einst blühende Handwerk der Loderer verschwand in diesen Jahren endgültig aus Erding, der letzte Meister starb 1928. Eine gewisse Belebung könnte man aus dem Zuwachs an Einlagen bei der Sparkasse ablesen, die sich in der Nachkriegszeit verdoppelten. Wenig Veränderung weist das Schulwesen auf. 1926/27 wurde das ehemalige Schloß zu Hl. Blut, in dem die Haushaltungsschule der Armen Schulschwestern untergebracht war, erweitert; unter der Leitung von Wilhelm Bachmair wuchs seit 1925 die Schülerzahl der Gewerblichen Berufsschule auf 200 an; die städtische Singschule unter Lampert Meisinger und seinem Nachfolger Joseph Rubenberger verzeichnete ebenfalls großen Zulauf und trat jährlich, meist zusammen mit der Liedertafel unter ihrem Leiter Zahnarzt Josef Schuster mit gelungenen Aufführungen an die Öffentlichkeit. Das Vereinsleben blühte nach wie vor. Besonders der Turnverein mit dem Oberturnwart Hans Steigenberger war erfolgreich in der Jugendarbeit. 1929 trat eine Faschingsgesellschaft ins Leben. Der Veteranen- und Kriegerverein, die Vereinigung der ehemaligen Angehörigen des Regiments Kronprinz Ruprecht und des Leibregiments, die Schützenvereine hatten zahlreiche Mitglieder; begeistert begrüßter Ehrengast der Gauschützenfeste in Erding war der Protektor der bayerischen Schützenvereine Prinz Alfons von Bayern. Die

Weihnachtsfeiern und öffentlichen Auftritte der Vereine wurden in der Presse mit Zustimmung registriert. Eine besondere Note wies Erding auf durch den jährlich zum Schuljahrsende von Friedrich und Katharina Fischer gestifteten „Fröhlichen Tag", ein Volksfest für die Schuljugend.

Das kirchliche Leben war nach wie vor von großer Anteilnahme der Bevölkerung geprägt. Katholischer Stadtpfarrer war von 1918 bis 1934 der gütige Franz Xaver Scheitzach. Die evangelische Gemeinde, die 1925 135 Mitglieder zählte, 1930 an die 300, trat erstmals 1930/31 auch öffentlich in Erscheinung durch den Bau der Christus-Kirche an der Dr.-Henkel-Straße. Bürgermeister Herbig hatte ihr bisher für den Gottesdienst den Rathaussaal zur Verfügung gestellt; seit 1921 war Erding evangelisches Vikariat, Pfarrei wurde die Stadt 1938.

Die beruhigten Jahre von 1925 bis 1930 brachten zwar ein Aufatmen, aber reine Idylle waren sie nicht. Es waren Jahre harter Arbeit, es ging nur mühsam voran, Rückschläge blieben nicht aus. Nur wenige Familien wagten es, ihre Söhne auf die höhere Schule zu schicken, Ärzte, Zahnärzte, Beamte, aber kaum Geschäftsleute, Arbeiter und Angestellte meist nur, wenn der Religionslehrer den Anstoß gab. Aber es war eine Zeit, da man endlich die Angst vor immer neuen Katastrophen überwunden glaubte. Die ersten Anzeichen der heraufziehenden Krise konnten aufmerksame Beobachter der globalen Entwicklung schon Ende 1929 bemerken, als sich die Konjunktur so günstig darstellte wie nie zuvor. Der New Yorker Börsenkrach vom 24. Oktober 1929, eine Folge hektischer Überproduktion auf allen Gebieten und daraus fließender Insolvenz der Fabrikanten den Banken gegenüber führte zum Abzug der kurzfristig angelegten Kapitalien, vor allem jener Kredite, die nach Deutschland geflossen waren. Bis 1931 konnte das Gleichgewicht noch mühsam gewahrt werden; im Mai kam es zum Zusammenbruch der österreichischen Kreditanstalt, im Juli zur Zahlungseinstellung der größten deutschen Bank, allenthalben fehlte Betriebskapital. Der Produktionsrückgang betrug 40 Prozent, der Steuerrückgang, damit der Ausfall an öffentlichen Aufträgen, 30 Prozent. Betroffen waren vor allem das Baugewerbe mit 55 Prozent und die Landwirtschaft. Im Winter 1930 betrug die Arbeitslosenzahl in ganz Deutschland drei Millionen, Ende 1932 bereits sechs. Das Volkseinkommen ging im Durchschnitt um real 32 Prozent zurück, 36 Prozent der Bevölkerung lebten von der Fürsorge oder der Arbeitslosenunterstützung.

Auch in der Stadt Erding, wo das Kleingewerbe vorherrschend war, war nicht die Arbeitslosigkeit selbst das zentrale Problem, obgleich auch hier zahlreiche Gesellen und Angestellte davon betroffen waren. Die Auswirkungen der Krise zeigten sich hier vor allem in der ständig zurückgehenden Kaufkraft, auch und gerade bei den Bauern, deren Einkommen um 35 Prozent unter das Niveau von 1913 gesunken war. Die Bauern stellten den zahlenmäßig wichtigsten Kundenkreis der Erdinger Geschäftsleute und Wirte dar. Mehr als 50 Prozent Umsatzverluste waren die Regel.

Auf kommunaler Ebene war der Krise überhaupt nicht beizukommen. Ihre Begleiterscheinungen führten zu erheblichen Steuerrückständen, vor allem im Bereich der Gewerbesteuer, die steigenden Fürsorgelasten engten zusätzlich die Finanzkraft der Stadt ein, die durchaus in Gang gebrachte Planung von Beschäftigungsprogrammen stieß auf schier unüberwindliche Schwierigkeiten. Das war die Stunde der Demagogen. Im Reich wie in Bayern wuchs die Zahl der Anhänger radikaler Parteien von Wahl zu Wahl, in Gesamtbayern stand man nur wenig zurück. Beträchtlich waren die Unterschiede allerdings zwischen den Wahlergebnissen im Reich und in Altbayern, in Oberbayern, Niederbayern und der Oberpfalz. In der Reichstagswahl vom

31. Juli 1932, jener Wahl, deren Ergebnisse für die Gegner der Weimarer Demokratie, die Kommunisten und die Nationalsozialisten, zusammen 57,4 Prozent der Stimmen gebracht hatten, für die NSDAP allein 37,2 Prozent, war in Bayern das Verhältnis noch umgekehrt. Hier stimmten 57,6 Prozent für die demokratisch-parlamentarischen Parteien. In Oberbayern erhielt die BVP 36,2 Prozent der Stimmen, die NSDAP 25,8, in Niederbayern war das Verhältnis 43,2 zu 21,1 Prozent, in der Oberpfalz vollends wählten 52,7 Prozent die Volkspartei; die NSDAP blieb mit 19,7 Prozent weit unter dem Reichsdurchschnitt. In der Novemberwahl des gleichen Jahres gingen die Stimmen für die NSDAP im Reich auf 33,1 Prozent zurück, in Bayern rechts des Rheins auf 28,6 Prozent, in den altbayerischen Regierungsbezirken lag die BVP wieder um vieles weiter voraus.

Zu den Städten mit den stabilsten politischen Verhältnissen in Oberbayern zählte Erding. Hier dominierte bis zuletzt die BVP mit absoluter Mehrheit. In der Reichstagswahl 1930 wählten 1171 Bürger die BVP, 461 die SPD, die NSDAP allerdings auch 331, weitere 90 Erdinger Bürger wählten KPD. Für die Reichstagswahlen 1932 lauten die Prozentzahlen 52 bzw. 51 Prozent für die BVP, 16 bzw. 14 Prozent für die NSDAP, die SPD fiel zurück auf 14 Prozent, bei jeweils 9 Prozent stand die KPD. Wenn es auf die Erdinger Bürger angekommen wäre, wäre der Welt die größte Katastrophe aller Zeiten erspart geblieben.

Erding im Nationalsozialismus

Als am 30. Januar 1933 geschah, was nie hätte geschehen dürfen, war auch in Erding die Bestürzung groß. Ein Jahr zuvor hatten die bürgerlichen Parteien noch mit größtem Einsatz für die Wahl des Reichspräsidenten Hindenburg gekämpft, hatten Hitler den Griff nach der Macht verwehrt – die Leidenschaft, mit welcher auch in Erding dieser Kampf geführt wurde, wird denen, die das damals erlebt haben, noch im Gedächtnis haften, auch den Kindern von damals. Noch schien allerdings mit den Vorgängen in Berlin in den Ländern, noch weniger in den Gemeinden irgendeine Folgewirkung zu drohen; hier hatten ja die vorausgehenden Wahlen jeweils die Verhältnisse bindend geregelt. In Erding war das Echo „zunächst gleich Null" (H. Niedermayer), trotz des Propagandamarsches der SA durch die Stadt. Das Erdinger Tagblatt brachte nur eine kurze Notiz, nicht ohne sarkastischen Beiklang. Bereits in wenigen Tagen sollte man aber erleben, was mit der Weimarer Verfassung möglich war, wie entscheidend der Zentralismus dieser Schöpfung der Revolution von 1918 für den Sieg der Revolution von 1933 war.

Die sogenannte Machtergreifung vollzog sich, wenngleich in verschiedenen zeitlichen Stufen, innerhalb von wenigen Wochen, und sie war radikal, wie das auch vorhergesagt war. Zunächst warteten die neuen Machthaber überall das Ergebnis der für den 5. März festgesetzten Reichstagswahl ab, auch in Erding. Der Brand des Reichstags und die darauffolgende Notverordnung vom 28. Februar mit der bereits jetzt weitgehenden Einschränkung der persönlichen Freiheit und der Ausschaltung der KPD waren aber bereits deutliche Warnzeichen. Die Wahl selbst brachte bereits die ersten riesigen Überraschungen. In Bayern und im Reich waren erstmals die Wählerzahlen für die NSDAP fast gleich: 43,9 im Reich, 43,1 Prozent in Bayern. Auch in Erding verdoppelte sich die Zahl der Anhänger Hitlers, sie betrug jetzt 864; die Zahl der BVP-Wähler blieb konstant mit 1115, allerdings ging der Prozentsatz auf 41 Prozent zurück. Die SPD konnte ebenfalls mit 402 Stimmen ihren Anteil halten. Erschrecken mochte aber das Ergebnis im Bezirk Erding, wo offenbar, wie übrigens vor allem in Niederbayern, die Bauern weitgehend zu den Wählern Hitlers übergegangen waren, verführt von den Versprechungen des Demagogen. Hier waren BVP und NSDAP mit 37,7 bzw. 37,8 Prozent gleich; der Bayerische Bauernbund, immerhin auch eine demokratische Partei, fiel zurück auf 14 Prozent, die SPD auf 6,2 Prozent. Noch hätten also im Kreistag die Nationalsozialisten überstimmt werden können. Durch das Wahlergebnis, so wenig eindeutig es in Erding und im Umland auch war, fühlten sich allerdings die Träger der neuen Revolution so ermutigt wie im ganzen Reich. Noch in der Woche nach der Wahl begann der unaufhaltsame Prozeß der Machtergreifung auch in Erding; zu Ende war die Versammlungsfreiheit, die Pressefreiheit, die Gleichheit vor dem Recht und der Rechtsstaat insgesamt.

Am 9. März, jenem Tag, da in München durch den Reichspräsidenten Hindenburg gegen sein gegebenes Wort die vollziehende Gewalt an General Epp übertragen und die Regierung Held abgesetzt worden war, wehte bereits die Hakenkreuzfahne am Rathaus – der erste Gewaltakt der SA. Am 10. März, noch ehe in München die neue Regierung ihr Amt angetreten hatte, wurden der Polizei SA-Männer beigegeben, die ersten Verhaftungen setzten ein. Am 20. März, eine Woche nach dem Vollzug der Machtübernahme in München, bestellte der Innenminister den führenden Nationalsozialisten in Erding, Emil Breitenstein, zum Regierungsbeauftragten beim Bezirksamt – das war die Machtübernahme durch den Kreisleiter der Partei auch im Erdinger Land. Am gleichen Tag verfügte der nationalsozialistische Innenminister Wagner, der NS-Gauleiter von Oberbayern, die Absetzung der marxistischen Bürgermeister in Bayern – das Signal auch für den Erdinger Kreisleiter Breitenstein, drei Tage später das Erdinger Rathaus zu besetzen und Bürgermeister Dr. Lehmer zu zwingen, sein Amt niederzulegen. Zum kommissarischen Bürgermeister ernannte er sich selbst. Am Tag darauf untersagte er den vier Stadträten der SPD, ihr Amt weiterhin auszuüben, denen beim nächsten Anlaß, als im Stadtrat die Verleihung der Ehrenbürgerschaft der Stadt an Hitler und Hindenburg beantragt wurde, der Vorsitzende der BVP Friedrich Schiestl bescheinigte, ihr Amt stets uneigennützig und selbstlos ausgeübt zu haben. Dem kommissarischen Bürgermeister wurde zwar von höherer Stelle bedeutet, daß er die SPD-Stadträte zu Unrecht abgesetzt habe; doch fand er weder Widerstand noch Widerspruch, als er unter Berufung auf das Wahlergebnis vom 5. März die Zusammensetzung des Stadtrats eigenmächtig veränderte. Der BVP gestand er dabei, die ja immer noch in Erding die meisten Wähler aufwies, sieben Sitze zu, der SPD zwei, sechs nahm er für die NSDAP in Anspruch. Die BVP vertraten, wie auch bisher schon, die ordnungsgemäß gewählten Stadträte Karl Gottmann, Bildhauer und Gastwirt, der Installateur Josef Kaiser, der Zimmermeister Max Kraus, der Kaufmann Friedrich Schiestl, Gastwirt und Wurstfabrikant Franz Xaver Maier, der

Martialische Aufmärsche blieben auch in Erding nicht aus

Tierarzt Alois Schiller und der Schriftleiter Karl Eichner. Die SPD-Mandate nahmen der Drexlermeister Hans Schmidmayer und der Buchbinder Max Winter wahr. Die Namen der NS-Stadträte hatten bisher in Erding keine Bedeutung, sie sollten auch nach 1933 keine Bedeutung haben, man kannte sie nicht, ausgenommen den Zahnarzt Dr. Schiml, der im Kriegerverein eine Rolle gespielt hatte. Die fällige Bürgermeisterwahl fand Ende April statt, sie besiegelte in einem scheinbar legalen Akt die Machtergreifung auch in Erding. Der einzige Kandidat war Breitenstein, er wurde einstimmig gewählt. Wie war das möglich? Nach der Wahl betonte Friedrich Schiestl, der ihr Kandidat für den zweiten Bürgermeister war, für die BVP ausdrücklich, man habe „nicht unter Fraktionszwang abgestimmt, sondern nach freiem Ermessen", und er wünschte dem neuen Bürgermeister, seine Tätigkeit möge erfolgreich sein. Die Erklärung, die der Vertreter der SPD, Hans Schmidmayer, vor der Wahl abgab, stellt wohl den Schlüssel zur Entscheidung aller bisherigen Gegner der NSDAP dar. Er sagte: „Wenn wir nun erklären, für die Wahl eines Nationalsozialisten zum Bürgermeister zu stimmen, so aus dem Grunde, weil es keineswegs in unserer Absicht liegt, Opposition um jeden Preis zu treiben, und weil uns nach wie vor der Wille leitet, wo immer uns die Möglichkeit gegeben ist, uns im Sinne der Volksgemeinschaft zu betätigen." Schmidmayer hätte seine Erklärung auch im Namen der BVP abgeben können. Bei der Eröffnung des Landtags, dessen Zusammensetzung ebenfalls analog zur Reichstagswahl vom 5. März festgelegt worden war und wo es unter anderem darum ging, die Gesetze zur Gleichschaltung der Länder vom 31. März und 7. April zu bestätigen, erklärte der neugewählte Fraktionsvorsitzende der BVP, der Studienrat zu Würzburg Hans Müller, nachdem er unter anderem für die Zukunft die Wahrung des Rechtsstaats und den Schutz des Berufsbeamtentums gefordert hatte, seine Partei stimme diesem Gesetz zu, weil sie, der stets das Wohl der Nation höchste Aufgabe gewesen sei, sich der Mitarbeit an der Wiedergesundung der Nation nicht versagen wolle.

Das also war jetzt die offizielle Haltung der BVP. Wie hätte man in Erding eine andere Linie einschlagen sollen? Es ging zwar auch darum, zu retten, was noch zu retten war, im Landtag wie in der Stadt; man glaubte mit der Erhaltung des bisherigen Zustandes, der ja immerhin noch Mitwirkung an sich erlaubte, rechnen zu können. Aber die Kapitulation vor den neuen Machthabern war auch ein Zeichen der völligen Hoffnungslosigkeit, die in der Parteiführung schon vorher um sich gegriffen hatte, Ausdruck der Hilflosigkeit angesichts der ungeheuer angewachsenen Arbeitslosigkeit. Ministerpräsident Held wußte keinen Rat mehr; seit 1928 regierte er ohne parlamentarische Mehrheit, nicht anders als der Reichskanzler Brüning 1930/32. Die Zentrumsführer Prälat Kaas und Brüning gestanden offen ein, daß der Parlamentarismus versagt habe. Es war nur natürlich, daß ihre Gefolgsleute, enttäuscht auch von dem Ergebnis aller Bemühungen der Regierungen, daraus die Konsequenzen zogen und jenen das Feld räumten, die landauf, landab behaupteten, es besser machen zu können. Dazu kam dieses Halbdunkel der mit dem Verhalten Hindenburgs erzeugten Scheinlegalität. Die BVP, die 1925 maßgeblich an der Wahl Hindenburgs beteiligt gewesen war, die 1932 mit größtem Einsatz für seine Wiederwahl eingetreten war, war besonders verunsichert. Hindenburg war es, der den General Epp als Reichsstatthalter eingesetzt hatte, von dem scheinbar legitim die Macht auf die NS-Minister übergegangen war. Loyalität den faktischen Inhabern der staatlichen Gewalt gegenüber hatte die BVP schon 1918/19 zur Bürgerpflicht erklärt – wir kennen die Parolen nicht, die im April 1933 an die Mitglieder im Land hinausgingen, man muß aber mit entsprechender Einflußnahme der Parteileitung rechnen.

Dank hatten weder die Abgeordneten der BVP im Landtag noch die Stadträte von Erding. Hier wurde nicht nur der von ihr zur Wahl zum Zweiten Bürgermeister vorgeschlagene Friedrich Schiestl nicht gewählt, sondern bereits im Juni, nach dem Verbot der SPD und der Niederlegung des Mandats durch ihre Stadträte, wurde die Verhaftung der Stadträte und Bezirksräte der BVP verfügt. Auch im Stadtrat gab es in Zukunft nach dem 14. Juli, dem Zeitpunkt der Auflösung aller Parteien in Bayern wie im ganzen Reich, nur noch Vertreter einer Partei, der NSDAP. Ihr Mandat war aber ebenso ohne Bedeutung wie das Mandat der Reichstagsabgeordneten. Dem Führerprinzip widersprach jedwede demokratische Willensbildung, gar Mitwirkung. Die Diktatur mit allen ihren Auswirkungen, Aushöhlung des Rechtsstaats, Behördenwillkür, Denunziantentum, Vergewaltigung des Gewissens, Verfolgung Andersdenkender, hatte auch von Erding Besitz ergriffen.

Der barbarischste Zug dieser menschenverachtenden Diktatur war die systematische Ermordung der Juden. Die wenigen Erdinger Juden – 1925 waren es drei, 1933 wohl fünf – entgingen diesem Schicksal nur, weil sie rechtzeitig auswanderten, bis auf den Viehhändler Bernhard Blumenthal, dessen christliche Frau sich weigerte, sich scheiden zu lassen; vielleicht war das der Grund dafür, daß er nicht ins KZ kam, sondern als Zwangsarbeiter in einem Kieswerk überlebte. Helene Eger, die Frau des Kaufmanns Carl Eger, die katholisch geworden war, blieb unbehelligt. Sie stand offenbar unter dem unmittelbaren Schutz des Bürgermeisters und Kreisleiters. Direkt verfolgt wurden auch die bekannten Gegner des Regimes nicht, bis auf einen Kommunisten, der sich standhaft weigerte, eine Loyalitätserklärung abzugeben. Allerdings war ein Vorfall wie der von 1938 durchaus nicht überraschend, als eine private Zusammenkunft ehemaliger Kommunisten als Verschwörung gedeutet wurde und mit der Verhaftung der Betroffenen endete; sie wurden aber bald wieder als ungefährlich freigelassen. Bespitzelt wurden auch die prominenten Gegner von einst aus dem bürgerlichen Lager. Die Überwachungsergebnisse sind bekannt, Hans Niedermayer hat sie ausgewertet. Dr. Lehmer galt nach wie vor als „heimlicher Gegner" der Partei. Als „gehässiger Gegner" wurde Friedrich Schiestl bezeichnet, der die Geistlichkeit unterstütze und mit kirchlichen Organisationen zusammenarbeite; er bedürfe „der besonderen Überwachung". Auch von Geheimrat Irl wurde gesagt, er bekämpfe die NSDAP wegen ihrer Klosterpolitik sogar öffentlich. Max Kraus, der letzte Fraktionsvorsitzende der BVP im Stadtrat, bekannt als „großer Gegner der NSDAP", erhielt ein ungewollt glänzendes Zeugnis für seine Haltung; von ihm heißt es, er verkehre auch heute noch mit dem regimefeindlichen Klerus, agitiere gegen die Gemeinschaftsschule und lehne nach wie vor den nationalsozialistischen Staat ab. Der Eintrag schloß ebenfalls: „Er bedarf der besonderen Überwachung."

Wenn man auch bei der Behandlung dieser unbelehrbaren Volksgenossen in Erding – wo auch verwandtschaftliche Bande durchaus eine Rolle spielten – nicht zu den äußersten Mitteln griff, so war ihre berufliche, etwa bei öffentlichen Angestellten und Beamten, oder ihre geschäftliche Situation doch stets prekär, vor allem mit öffentlichen Aufträgen durften sie nie mehr rechnen. Das war in einer Zeit, wo nur über solche Aufträge, unter bedenkenloser Verschuldung als Hauptrezept, das Wirtschaftsleben wieder angekurbelt wurde, eine empfindliche Beeinträchtigung. Größere Unternehmungen in diesem Bereich waren der Bau des Sportstadions, eine neue Schießstätte, die Erweiterung des städtischen Krankenhauses. Große Aufträge an Erdinger Betriebe ergingen auch im Zuge der Baumaßnahmen seit 1935 im Gelände des Fliegerhorsts, der im Zuge der Aufrüstung auf der Langengeislinger Flur angelegt wurde. Im Zusammenhang damit standen auch die neuen Siedlungen im Norden und Osten der Stadt, zwischen Landshuter und Dorfener Straße, an der Haager Straße und in Richtung Siglfing, wo hundert Arbeiterhäuser errichtet wurden und weiteres Gelände für Eigenheime ausgewiesen wurde. Die Straßennamen waren ausnahmslos aktuell. Von einem wirtschaftlichen Aufschwung kann man auch in den Jahren seit 1935 in Erding nicht reden, aber das Bevölkerungswachstum in der Stadt war doch ein Zeichen dafür, daß die wirtschaftlich schlimmen Jahre vorbei waren. 1939, nachdem 1938 Siglfing eingemeindet worden war, mit 121 Hektar und 169 Einwohnern, betrug die Zahl der Erdinger Bürger ca. 7000 (6730 nach den Angaben im Städtebuch); sie war also seit 1928 um etwa 2500 gewachsen – 2200 Zivilisten waren allein im Fliegerhorst beschäftigt. Erding hatte damit die einst gleich großen, mit Erding auch in ihrer Struktur vergleichbaren Städte Kelheim (6346), Pfaffenhofen (5084) und Wasserburg (4760) überholt. Ähnlich wie Erding waren auch Weilheim (7092) und Burghausen (7408) gewachsen, stärker noch Fürstenfeldbruck (8295), vor allem Traunstein (von 7686 auf 10962).

Es ist schwierig, hinter den nackten Zahlen das damalige tägliche Leben zu erfühlen. Auch die Auswertung der Presse führt nicht weiter, sie war absolut gleichgeschaltet, stand ganz und gar im Dienst des Regimes. So liest man unablässig von begeisterten Versammlungen und von hinreißenden Aufmärschen. Dem äußeren Anschein nach konnte in der Tat stimmen, was Hans Niedermayer sagt: „Die ganze Bevölkerung marschiert im Gleichschritt." Die Propaganda vereinnahmte für die Partei auch Persönlichkeiten, die beliebt waren, so Altbürgermeister Friedrich Herbig nach seinem Tod 1936. Was von der Wahrheitsliebe der damaligen Berichte zu halten war, zeigen die offiziellen Zahlen von den Wahlergebnissen der Jahre bis 1938 mit ihrer fast immer nahezu hundertprozentigen Zustimmung. Sie sind nachweislich gefälscht – unbekannt bleibt freilich, in welchem Ausmaß.

Auch die Berichte über öffentliche Auftritte und ihr Echo sollte man kritisch beurteilen. Wiederholt liest man nämlich auch Verlautbarungen, in denen aufgefordert wird zu zahlreicher Mitwirkung oder in denen schlechter Versammlungsbesuch oder respektloses Benehmen gegenüber den Symbolen der „Bewegung" angeprangert wird. „Gleichgeschaltet" wurden nicht die einzelnen, auch wenn sie vielfach dem Druck von außen nachgaben und der Partei und ihren Organisationen beitraten; gleichgeschaltet werden konnten effektiv nur die Vereine. Überall drängten sich die Parteigenossen vor, bei allen denkbaren Anlässen legte man Wert auf das bunte, bewegte Bild, das der Aufmarsch der Vereine versprach. Die einstige Idylle war seit 1933 dahin.

Nichts mehr war gänzlich unpolitisch, weder Liedertafel noch Schützenvereine, Turner und Ringer, schon gar nicht die Erdinger Veteranenvereinigungen, die in den „Stahlhelm" eingegliedert wurden, die gesamtdeutsche Vereinigung der einstigen Frontkämpfer. Daß die Schützen oder die Turner auch nach 1933 an ihre alte Leistungshöhe anknüpfen und sich bei den Gauschützenfesten oder, wie die Erdinger Turner, beim Deutschen Turnerfest 1938 in Breslau besonders auszeichnen konnten, wo der Sattlermeister Hans Mayer die Stadt ehrenvoll vertrat, das lag an den Mitgliedern, die schon lange vor 1933 dafür Kraft und Begeisterung eingesetzt hatten.

Trotz aller Verführungskunst, trotz aller Gängelung, aller Drohgebärden und echter Bedrückung konnte das Regime die Le-

Rednertribüne an der Schrannenhalle – Uniformen unter dem Hakenkreuz

benskraft der Stadt Erding nicht wirklich für sich in Anspruch nehmen; man machte bestenfalls äußerlich mit, keinesfalls verkaufte man seine Seele. Daß die Frauen in ihrer Mehrzahl – und damit die Familien selbst – nicht mitmachten und deshalb auch ihre Männer meist nur so taten, als wären sie gute Nationalsozialisten, das lag, wie Zeitgenossen der damaligen Verhältnisse bestätigen können, an der immer noch ungebrochenen Gefolgschaft gegenüber der Kirche. Die Benefiziaten dieser Zeit, Albert Brey, der spätere Stadtpfarrer von Freising, Jakob Engl, später Pfarrer von Obertaufkirchen, Sebastian Vielhuber, der 1942 in den Bergen abstürzte, der Stadtpfarrprediger Dr. Johann Fuchs, der dann Generalvikar der Diözese wurde, waren imponierende Persönlichkeiten, große Prediger, unerschrockene Kämpfer für Gerechtigkeit und Wahrheit. Entsprechend schlecht waren sie bei der Partei angeschrieben. Auch die Predigten von P. Rupert Mayer, der in diesen Jahren bis zu seinem Predigtverbot oft nach Erding kam, waren hervorragend besucht und wirkten in dieser Richtung. 1935 wurde auch die Wallfahrt zu Hl. Blut wieder, wie vor der Säkularisation, von Kapuzinern betreut. An seelsorgerischen Möglichkeiten fehlte es also in keiner Weise; das alles wirkte sich aus, die Kirchen waren bis zum Ende der Gewaltherrschaft voll. Politischen Widerstand hat die Kirche aber auch in Erding nicht geleistet, das war auch nicht ihre Aufgabe. Die Erdinger Geistlichen haben aber nach wie vor, wie das auch ihre Pflicht war, den Menschen den Weg zu einem rechten Leben gewiesen, haben Sünde Sünde, Unrecht Unrecht genannt und gegen die ständig zunehmende Beeinträchtigung ihrer Seelsorgstätigkeit protestiert. Ältere Erdinger Bürger werden sich noch erinnern, wie der Benefiziat Brey, das Eiserne Kreuz erster Klasse am Talar, energischen Schritts über den Schrannenplatz ging, um dem Kreisleiter wieder einmal seinen Protest gegen neue Unterdrückungsmaßnahmen zu Protokoll zu geben. Es gab immer wieder Anlaß dazu.

Noch 1933 begann der Kampf um die Jugend; das politische Versammlungsverbot wurde ausgedehnt auch auf die katholischen Jugendverbände; ihnen wurde das

Fliegerangriff am 18. April 1945. Zerstörungen im südlichen Teil der Altstadt und in der Haager Vorstadt

Verwüstung durch den Luftangriff in der Stadtmitte, dem Rathaus gegenüber

Tragen einheitlicher Kleidung, das Mitführen von Wimpeln und Fahnen auch bei Prozessionen verboten. Verboten wurde ihnen vor allem gemeinsame sportliche Betätigung, um den Verbänden die bisherige Attraktivität zu nehmen. HJ-Dienst wurde in die Zeit des Gottesdienstes verlegt, Kirche und Geistliche in Hetzschriften, die auch der Jugend in die Hand gedrückt wurden, lächerlich gemacht, beschimpft, verleumdet. 1936 setzten die gezielten Verleumdungskampagnen ein, mit aufgebauschten oder erfundenen Nachrichten über Devisenvergehen oder Sittlichkeitsdelikte. Auch im Kampf um die Durchsetzung der Gemeinschaftsschule und die Ausmerzung der konkordatsmäßig garantierten Bekenntnisschule waren dem Regime alle Mittel recht, Drohungen, Versprechungen, Nötigung. Schon 1936 kam es wegen seiner unerschrockenen Predigten zu Haussuchungen, wiederholten Verwarnungen durch die Gestapo, Einkommenskürzungen und Geldstrafen gegen Benefiziat Engl; wegen angeblicher staatsfeindlicher Äußerungen bei einer Trauerrede am Grab wurde auch Stadtpfarrer Korbinian Heinzinger von der Gestapo verhört, kam aber mit einer Verwarnung davon. Benefiziat Sebastian Vielhuber erhielt 1941 Schulverbot und eine Geldstrafe. Dieses Vorgehen stand bereits im Zusammenhang mit dem Entschluß des bayerischen Kultusministers vom 14. August 1941, die Kruzifixe bis zum Schulbeginn aus der Schule zu entfernen. Der Widerstand in Erding war, wie weithin in Bayern, wo sogar Bürgermeister deshalb mit Amtsniederlegung gedroht hatten, heftig und wirksam, die Protestaktionen zeigten „eine bis dahin kaum für möglich gehaltene Solidarisierung der kirchlich gebundenen Bevölkerung" (Georg Schwaiger). Der Zug der empörten Erdinger Frauen zum Schulhaus, dann zum Bürgermeister endete zwar für den Augenblick ohne Ergebnis, aber auch er fiel ins Gewicht, als Wagner sich schließlich zwei Wochen später gezwungen sah, die Verordnung wieder auszusetzen.

Erding war auch betroffen von der Verordnung von 1937, durch welche die Ordensschwestern generell aus der Schule verbannt wurden. Seit 1896 existierte die Haushaltungsschule der Armen Schulschwestern in Hl. Blut, 1914 wurde sie mit einer sechsklassigen Mädchenmittelschule verbunden, die 1933 in ein Lyzeum umgewandelt wurde. 1938 wurden die 30

Schwestern, die dort unterrichteten, vertrieben, die Schule wurde von weltlichen Lehrkräften übernommen und als sogenannte Aufbauschule weitergeführt. 1941/42 wurde sie zur Oberschule erweitert. Das war aber der einzige Beitrag, den das Regime, das doch so großen Wert auf die Gewinnung der Jugend legte, für Bildung und schulische Erziehung dieser Jugend leistete – auch das ein Beleg für die generell wissenschaftsfeindliche Einstellung der neuen Elite.

Zur Entschuldigung mag man anführen, daß ohne den Kriegsausbruch vom 1. September 1939 auch auf dem Gebiet von Schule und Wissenschaft gezielte Förderung zu erwarten gewesen wäre – doch Hitler hat ja gerade auf diesen Krieg seit Jahren hingearbeitet, er hatte in Wirklichkeit keine andere Zielsetzung mehr. Anders als 1914 war bei der Nachricht von einem neuen Krieg die Erdinger Bevölkerung ausnahmslos entsetzt. In der Tat erfüllten sich auch die schlimmsten Befürchtungen. 244 Söhne Erdings sind in den sechs Kriegsjahren gefallen, 22 blieben vermißt. Unter den Opfern des Krieges befanden sich auch drei Erdinger Theologiestudenten; P. Honorat Schöberl von Schäftlarn, der aus Erding stammte, starb in russischer Gefangenschaft. 126 Tote (144 nach anderen Angaben) kostete der Luftangriff vom 18. April 1945, bei dem auch beträchtliche Teile des Stadtzentrums zerstört oder schwer beschädigt wurden, von der Molkerei in der Haager Straße und dem Pfarrhof bis zum Landshuter Tor. Schwer beschädigt waren auch das Rathaus und die Stadtpfarrkirche. Auch der alte Gefängnisturm, der letzte Rest der herzoglichen Burg, wurde von einer Luftmine getroffen und stürzte ein; in seinem Gewölbe barg man zahlreiche Tote, darunter auch den verdienten ehemaligen Stadtrat Friedrich Schiestl mit Frau. Kriegsgefangene Franzosen halfen „vorbildlich" bei den Ausgrabungsarbeiten (H. Schmidmayer). Seit 1935 auf der Geislinger Flur der Flugplatz entstand, der im September 1937 bezugsfertig gemeldet wurde, mußte man damit rechnen, daß auch Erding bei einem Krieg die feindliche Aufmerksamkeit auf sich ziehen würde. In der Tat war der Flugplatz im April 1944 das Ziel eines Bombenangriffs, der 14 Todesopfer forderte. Der Angriff kurz vor dem Kriegsende stand jedoch in einem anderen Zusammenhang. Um die gleiche Zeit wurde eine ganze Reihe bayerischer Städte bombardiert, etwa Mühldorf, Rosenheim, Traunstein, Freising, Fürstenfeldbruck, Landsberg a. Lech, Neuburg a.d. Donau, Dillingen und Memmingen; es ging dabei darum, den Widerstandswillen der Bevölkerung zu zermürben. Das Kriegsende brachte noch einmal angstvolle Stunden. Die Sprengung aller Brücken über den Mittleren Isar-Kanal erlaubte den kurzfristigen Aufbau einer Widerstandslinie entlang des Kanals; das führte zu Artilleriegefechten, die auch die Stadt einbezogen. Die Hissung einer weißen Fahne am Stadtturm als Signal für den anrückenden Feind, daß kein Widerstand zu erwarten sei, verzögerte sich durch das Eingreifen der SS; erst am 1. Mai konnte es der kommissarische Bürgermeister (seit 1942) Josef Leuchtl wagen, die Stadt zu übergeben.

Damit endeten sechs entbehrungsreiche Jahre, Jahre der Angst, der Sorge und der Trauer. Zuletzt waren 16jährige Kinder eingezogen worden, Schüler und Lehrlinge, um die Flakgeschütze zu bedienen, die Schulen waren zu Lazaretten geworden. Die Ernährungs- und Wirtschaftsämter verwalteten nur noch den Mangel. 1944 setzte dann auch der Zuzug von Evakuierten aus den Großstädten am Rhein, bald auch aus München ein; Ende 1944 und im Frühjahr 1945 kamen dann die Flüchtlingsströme aus Ungarn, Schlesien und Ostpreußen an, Flüchtlingslager wurden eingerichtet, die Belastung, unter welcher die nächste Zukunft stehen sollte, zeichnete sich noch vor Kriegsende eindrucksvoll ab.

Neubeginn und Aufbruch (1945–1985)

Wiederaufbau und Konsolidierung

Am 1. Mai 1945 endeten aber auch die zwölf Jahre einer Herrschaft, deren Gestalt man vielleicht vor 1933 mit dem bolschewistischen Rußland in Verbindung gebracht hätte, nie mit dem zivilisierten Deutschland. Trotz der vielen berechtigten Klagepunkte gegen die Funktionäre des Regimes blieb die Rache im wesentlichen aus; jedermann war froh, daß die Zeit der Bedrückung durch die eigenen Volksgenossen zu Ende war. Breitenstein kam als einziger nach Dachau, die übrigen Amtsträger in das weniger verrufene Lager Moosburg, das einstige Gefangenenlager. Ein Untergebener des Kreisleiters wurde hingerichtet, er hatte 1944 einen abgesprungenen amerikanischen Flieger ermordet; die Anschuldigung der Mitwirkung des Kreisleiters widerrief er vor seinem Tod. Bald setzte der Prozeß der sogenannten Entnazifizierung ein, die sehr milde verlief; in der Tat bestand die Masse der Betroffenen aus sogenannten Mitläufern, die sich keiner Verbrechen schuldig gemacht hatten und die oft gerade von einstigen politischen Gegnern entlastet wurden. In Emling östlich von Erding wurde ein Gefangenenlager eingerichtet, ohne Unterkünfte, mit spärlichster Verpflegung. Wer Glück hatte, wurde bald entlassen, viele wurden aber auch von Erding nach Aibling und von dort zur Zwangsarbeit nach Frankreich verbracht. Zur Aufarbeitung der Vergangenheit gehörte auch die Betreuung der zahlreichen im Mai von den Alliierten befreiten Häftlinge des Konzentrationslagers Dachau, vor allem Juden. Etwa 500 kamen davon nach Erding; für sie mußte Wohnraum bereitgestellt werden. Das ging nicht ohne außerordentliche Härten ab und belastete das Verhältnis zu der Besatzungsmacht ungemein, aber auch zu den einheimischen Behörden, die den Weisungen der Sieger zu folgen hatten. Dazu kamen Plünderungen durch die sogenannten „Displaced persons", wie die einstigen Zwangsarbeiter hießen, die aus dem Osten verschleppt worden waren. Der Bürger war wehrlos, die Polizei, die durch Zwangsentlassungen dezimiert war, war weithin ohnmächtig. Die äußerst undankbare, ja fast unmöglich zu erfüllende Aufgabe, das unerhörte Erbe an inneren und äußeren Verwüstungen zu bewältigen, war aufs äußerste beeinträchtigt durch den Vertrauensverlust gegenüber allen öffentlichen Instanzen; es drohte geradezu die Auflösung jeden Gemeinsinns angesichts des schändlichen Mißbrauchs, der mit Idealismus und Opferbereitschaft jahrelang getrieben worden war. Dazu kamen unerhörte Schwierigkeiten bei der Versorgung der Bevölkerung mit Lebensmitteln, mit Werkzeugen und Geräten zum Wiederaufbau der zerstörten Stadt. Nicht geringe Probleme bereitete auch die Beschaffung von Wohnraum für die Heimatvertriebenen wie überhaupt ihre Eingliederung in die Bürgergemeinschaft der neuen Heimat. Bis Ende 1946 betrug ihre Zahl im ganzen Landkreis 12561, bis 1953 stieg sie auf 13285. Auch in der Stadt Erding selbst nahm die Zahl der Heimatvertriebenen seit

1948 mit 1473 Personen ständig zu; 1955 waren es bereits 1747, 1962 1995 Personen. In Erding wurde zu ihrer Betreuung ein Flüchtlingsamt errichtet; zunächst wurden sie in Flüchtlingslagern, in Schulen und Sälen untergebracht, bis nach und nach Wohnungen zur Verfügung standen – was nicht immer ohne nachdrückliches Eingreifen ging.

Ohne die Gewinnung angesehener, erfahrener und einsatzbereiter Männer als Vertrauensleute der Bevölkerung, ohne engagierte Mitarbeit der Bevölkerung selbst, aber auch ohne vertrauensvolle Zusammenarbeit zwischen den neu eingesetzten Verwaltungskräften und der Besatzungsmacht konnte dieser Wiederaufbau nicht vorangehen. Obgleich aber noch am 1. Mai von den eben eingerückten amerikanischen Einheiten der Bürgermeister von 1933, Dr. Max Lehmer, als kommissarischer Bürgermeister und bald auch als Landrat eingesetzt worden war, ein Mann also, der Vertrauen verdient hätte, war die Zusammenarbeit von Anfang an von Mißtrauen und Unverständnis belastet. Dr. Lehmer, der im Bewußtsein, die zwölf Jahre in absoluter politischer Integrität durchgehalten zu haben, den wechselnden Militärgouverneuren gegenüber keineswegs hörig war, wurde noch im Oktober 1945 als Bürgermeister durch einen Lehrer ersetzt, bald auch als Landrat durch einen kommunistischen Tabakarbeiter, der dem Amt keineswegs gewachsen war. Was man Dr. Lehmer von amerikanischer Seite unter anderem vorgeworfen hatte, war seine Überzeugung, daß durch die Personalunion zwischen Landrat und Erstem Bürgermeister der Kreisstadt die Zusammenfassung aller Kräfte zum Wiederaufbau am ehesten garantiert war, als Bürgermeister dabei von Dr. Elsässer, dem späteren bayerischen Ministerialrat, hervorragend vertreten. Hinderlich für das reibungslose Funktionieren der Verwaltung war dabei die Ausschaltung aller Beamten der Stadt und des Landkreises, die durch Mitgliedschaft in der Partei belastet waren. Unbelastete, aber auch unerfahrene junge Leute, wenngleich voller Elan und Einsatzbereitschaft, mußten an ihre Stelle treten – aber es ging voran.

Bürgermeister Dr. Max Lehmer (Ölbild von Benno Hauber)

Positiv an der strengen Kontrolltätigkeit der Militärregierung war ihre echte Sorge um den Wiederaufbau und das Funktionieren einer wirklich demokratischen Selbstverwaltung, der Mitwirkung also der Vertreter der Bevölkerung an den öffentlichen Aufgaben. Noch im Dezember 1945 wurde die Neugründung demokratischer Parteien genehmigt, für den Januar 1946 bereits waren Gemeindewahlen angesetzt. Auf Initiative Dr. Lehmers, der dann auch bis 1953 Kreisvorsitzender blieb, erstand die alte BVP als CSU, der Erdinger Ortsvorsitzende wurde Max Kraus. Wiederbegründet wurde zur gleichen Zeit auch die SPD, die Hans Schmidmayer zum Vorsitzenden wählte, den im Oktober 1946 Rudolf Marschall ablöste. Die Wahl der Stadträte vom 7. Januar 1946 brachte der CSU mit elf Sitzen gegenüber der SPD mit fünf und der KPD mit einem Sitz die absolute Mehrheit,

Bürgermeister Max Kraus

zum Ersten Bürgermeister wurde wieder Dr. Lehmer gewählt, als Zweiter Bürgermeister Max Kraus, der auch in den Kreistag kam. Die Wahl zum Kreistag fand am 28. April statt. Wieder erlangte die CSU mit 37 Sitzen, das waren 79 Prozent, die absolute Mehrheit. Als dann vier Wochen später der Kreistag Dr. Lehmer auch zum Landrat wählte, der auch am 1. Dezember mit 65 Prozent der Stimmen in die Verfassunggebende Landesversammlung gewählt wurde, trat er als Bürgermeister von Erding zurück; als neuen Bürgermeister der Stadt wählte der Stadtrat am 16. September 1946 den Zimmermeister Max Kraus.

Daß er es in diesem Amt niemandem recht machen konnte, der Militärregierung nicht, die ihn wiederholt mit Absetzung und Schlimmerem bedrohte, noch weniger den ehemaligen Mitgliedern der NSDAP, die auf Befehl der Amerikaner ihre Wohnungen den von diesen privilegierten Personengruppen überlassen mußten, aber auch den eigenen Parteifreunden nicht, die angesichts der damit und mit der Wohnungsnot im allgemeinen und mit dem Mangel an allen lebenswichtigen Gütern, dem durch keine örtliche Maßnahme abzuhelfen war, verbundenen unausbleiblichen Popularitätsverlust um ihre Positionen fürchteten, war schon 1946 vorauszusehen. Zur Kommunalwahl im Mai 1948 stellte die CSU, die jetzt auf die Jugend setzte, dem erfahrenen Kommunalpolitiker Hans Schmidmayer einen unerfahrenen Kandidaten entgegen. Die Neugründung der Bayernpartei im März brachte zusätzlich Stimmenverluste, so daß am 3. April 1948 Hans Schmidmayer zum Ersten Bürgermeister gewählt wurde. Bis 1966 bekleidete er dieses Amt, gestützt auf eine Mehrheit im Stadtrat, die erst 1960 dem Gleichgewicht der Mandate mit je acht für SPD und CSU wich. Auch wenn sich dank der Währungsreform dieses Jahres seither die Verhältnisse spürbar beruhigten, so waren doch die Hindernisse für einen umfassenden Wiederaufbau noch gewaltig. Die erste Phase des weithin erfolgreichen Wiederaufbaus nach dem Krieg ist und bleibt mit den Namen Max Kraus und Hans Schmidmayer verbunden. Gewürdigt werden muß auch die Mitarbeit jener Stadträte, die keiner der politischen Parteien angehörten. Die letzte Phase stand im Zeichen der CSU, nachdem 1964 der Studienrat Hans Zehetmair als CSU-Vorsitzender den Berufsschuldirektor Wilhelm Bachmair abgelöst hatte. 1966 wurde Alois Schießl zum Bürgermeister gewählt.

Der 1948 einsetzende Aufschwung verlief keineswegs stürmisch und ungefährdet, immer noch war einmütige Zusammenarbeit der Parteien, rückhaltlose Mitarbeit der Bevölkerung gefordert. Aber das Ergebnis war doch schon bald erfreulich, ja eindrucksvoll. Überraschend schnell gelang die Beseitigung der Schäden, trotz aller Bedrängnis durch Mangel an Baustoffen, an Werkzeugen, auch an Arbeitskräften – waren doch noch lange nicht alle Gefangenen wieder heimgekehrt. Beispielhaft für die Einsatzbereitschaft der Erdinger Jugend war die Bewältigung der Dachdeckerarbei-

Um 1960 sind noch nicht alle Baulücken wieder geschlossen, die der Krieg gerissen hat

ten an der Erdinger Stadtpfarrkirche, die völlig abgedeckt war und die auf der Nordwestecke schwere Schäden aufwies. An einem einzigen Nachmittag wurden von sicher mehr als 100 Helfern, die ohne jede Sicherung auf dem steilen Dach saßen, hoch über der Stadt, die Dachziegel von Hand zu Hand weitergereicht, bis der letzte Ziegel saß.

Der Wiederaufbau der zerstörten oder beschädigten Gebäude gehörte zu den vordringlichsten Aufgaben der Jahre bis 1948, doch dann war es Zeit, auch an die im Grunde seit den Jahren der Wirtschaftskrise und dann im Zuge der Wiederaufrüstung seit 1935 fast gänzlich vernachlässigten Strukturverbesserungen im öffentlichen Bereich zu denken. Die städtischen Bauvorhaben der Jahre 1949 bis 1961 betrafen die Kanalisierung, den Aufbau des Elektrizitätswerkes und der Wasserwerke, des Schlachthofs und des städtischen Bauhofs. Sehr bald schon, 1950 bis 1952, wurde der soziale Wohnungsbau in Angriff genommen, 1954/55 ging man an den Umbau und die Erweiterung des städtischen Krankenhauses. Besonders hervorzuheben ist, daß gerade in diesen Jahren, in denen die materiellen Bedürfnisse die dringendsten zu sein schienen, nicht gespart wurde am Ausbau der Schulen. Schon 1945 war die Mädchenmittelschule in Hl. Blut den Armen Schulschwestern wieder zurückgegeben worden, auch die Haushaltungsschule, die seit 1948 als Frauenfachschule weitergeführt wurde (die 1972 auslief), war in ihren Händen; die Zahl der Schülerinnen betrug 1960 450. 1971 übernahm die Erzdiözese München-Freising die Trägerschaft. Für die notwendigen Erweiterungsbauten gab die Stadt einen beträchtlichen Zuschuß, ebenso für den Bau der Kreis-Landwirtschaftsschule. 1958/59 erhielt die Sonderschule für behinderte Kinder ein eigenes Schulgebäude. Besonders zu Buche schlug die Errichtung der städtischen Oberrealschule zu Hl. Blut, die aus der 1941 errichteten sechsklassigen Oberschule für Jungen hervorgegangen war. Die Initiative ging von der 1950 gegründeten „Notgemeinschaft der Freunde der Oberrealschule Erding" aus, die unter anderem 160 000 DM an Spenden aufgebracht hatte. Von 1953 bis 1960 dauerte die dreistufige Bauzeit, 1962 bereits zählte die Anstalt 542 Schüler. 1965 wurde die Oberrealschule in Gymnasium umbenannt, mit der Wahlmöglichkeit je nach naturwissenschaftlicher oder neusprachlicher Ausrichtung. 1959 und 1960 verzeichneten die Hochschulen zu München 59 bzw. 66 Studenten aus Erding; seither ist eine weit größere Studentenzahl anzunehmen, doch zur nun folgenden Expansion in den Studentenzahlen fehlen Untersuchungen. In den fünfziger Jahren wurde auch eine Berufsschule gebaut.

Das steigende Interesse für kulturelle Betätigung zeigte sich auch in der Bemühung der Stadt um die Wiedereröffnung des Heimatmuseums 1956 oder in der Gründung des Volksbildungswerkes 1949. 1968 wurde auch in Verbindung mit dem St.-Michaels-Bund eine Stadtbücherei eingerichtet; die erste Leiterin war Anna Reiner.

In diesen Jahren erreichte das Wirtschaftswunder auch die Stadt Erding. Das aussagekräftigste Indiz dafür ist der Anstieg der Spareinlagen in der städtischen Sparkasse von 3,2 (1950) und 4,4 (1951) auf 53,2 Millionen DM (bis 1965). Das Haushaltsvolumen der Stadt betrug 6,49 (1962), gegenüber 2,08 Millionen DM (1952). Die öffentliche Bautätigkeit seit 1961 stieg entsprechend: Straßen und Brücken wurden erneuert; eine neue Kläranlage um 2,5 Millionen DM wurde errichtet; der Neubau der Volksschule an der Schillerwiese bzw. dem Lodererplatz kostete 4,5 Millionen DM; Zuschüsse an andere Schulen, zur Sportanlage, zur Beseitigung von Brandschäden an der Klosterschule Hl. Blut wurden geleistet; das dortige Gymnasium, wie die Oberrealschule seit 1965 hieß, wurde 1968/69 erweitert, da die Schülerzahl laufend stieg, bis 1975/78 auf 1150 Schüler. Die Realschule für Knaben, die 1964 errichtet wurde, kam bald auf 497 Schüler.

Die wachsende Notwendigkeit zur Errichtung immer neuer Bauten im Schulbereich entsprach dem unaufhaltsamen Bevölkerungswachstum dieser Jahre. 1950 war die Stadtbevölkerung, vor allem durch den Zuzug der Heimatvertriebenen, bereits auf 8688 Einwohner gewachsen, 7229 davon waren katholisch, 1218 evangelisch, fast noch einmal soviel wie 1939. Damals zählten auch wieder 14 Juden zu den Erdinger Bürgern. Bis 1961 wuchs die Zahl der Einwohner noch einmal an, auf insgesamt 11 281, darunter 2325 Bürger evangelischer Konfession. Das Stadtgebiet wuchs von 727 (1951) auf 785 Hektar (1964), dazugekommen waren 1958 58 Hektar am Rotkreuzberg, das Areal der amerikanischen Wohnsiedlung Williamsville. Das Wachstum vergleichbarer Städte in diesem Zeitraum vollzog sich zum Teil noch rasanter, etwa bei Burghausen von 10 194 (1950) auf ca. 18 000 (1969), bei Fürstenfeldbruck von 11 620 auf 22 495, bei Freising von 25 491 auf 30 264. Im gleichen Rhythmus wie bei Erding stiegen die Zahlen an bei Weilheim von 11 145 auf 15 961, Landsberg a. Lech von 11 733 auf 14 378, Pfaffenhofen von 7355 auf 9818. Fast unverändert waren die Bevölkerungszahlen von Kelheim mit 10 879 (1950) und 11 701 (1969), von Traunstein mit 14 611 zu 14 394, von Bad Tölz mit 12 786 zu 12 468 oder von Reichenhall mit 13 351 zu 14 894.

Die Verantwortung für die Belange der Stadt trug seit 1966 mit absoluter Mehrheit im Stadtrat die CSU; Alois Schießl wurde 1972 erneut zum Bürgermeister gewählt. Landrat war von 1948 bis 1964 Dr. Herbert Weinberger von der Bayernpartei, der auch sein Nachfolger Simon Weinhuber, Landrat bis 1978, angehörte. Trotz verschiedener Parteizugehörigkeit der Führungsspitze kam es in den Jahren, die unter dem Zeichen eines ausgeprägten wirtschaftlichen Aufstiegs standen, wiederholt zu fruchtbarer Zusammenarbeit zwischen Stadt und Landkreis, im Bereich der öffentlichen Wohlfahrt wie auf dem Gebiet von Schule und kultureller Aktivität. 1965 wurde der Neubau des Kreiskrankenhauses und die Erweiterung auf 407 Betten beschlossen. Der Neubau der Landwirtschaftlichen Berufsschule Erding, die nach Dr. Herbert Weinberger benannt wurde, faßte 1969 bis 1972 die beiden Anstalten in Altenerding und Dorfen zusammen; 1972 wurde die Berufsschule in Erding erweitert und 1974 vom Staat übernommen, ebenso die Herzog-Tassilo-Realschule für Knaben 1975. 1972 wurde eine Berufsschule für Krankenpflege an das Kreiskrankenhaus gebunden. Ein neues Altenheim der Hl.-Geist-Stiftung wurde 1967 am Stadtpark gebaut, 1969/72 entstand auch eine große Badeanlage.

Diese ausgedehnte Bautätigkeit der öffentlichen Hand war nur möglich, weil auch die wirtschaftliche Entfaltung, damit das Steueraufkommen, in diesen Jahren nicht hinter den Erwartungen zurückblieb. Privatinitiative wurde selten so hoch belohnt wie damals. Nur einige besonders herausragende Betriebe können angeführt werden: die Bauunternehmer Anzinger mit 90, Auer mit 190 Betriebsangehörigen; das Elektrowerk Mauser und Kirmayr Söhne mit 226, eine Textilfabrik und eine Maschinenfabrik mit je 80 Angestellten; die Fleisch- und Wurstfabrik Franz Xaver Mayer mit 90, ein Zweigwerk der Telefonbau AG Merk mit 105 Angestellten. Auch die Molkereigenossenschaft Erding beschäftigte 84 Mitarbeiter, die Stadtwerke Erding 46. Der größte Arbeitgeber im Landkreis war seit 1957, als die US-Air Force ihr Nachschubzentrum, eines der größten in Europa, an die Bundeswehr abgab, mit ca. 4400 Beschäftigten das Luftzeugamt Erding, das wieder eine Schlüsselstellung in der Logistik erhielt.

Dieses lebendige wirtschaftliche Leben hatte seine Entsprechung auch im kulturellen Bereich. Es entstanden neue Institutionen mit weitreichendem Einfluß in die Öffentlichkeit hinein, so 1972 das kirchliche Bildungswerk, 1976 die Volkshochschule; dem Kreisverein für Heimatschutz und Denkmalpflege bescheinigte Landrat Hans Zehetmair 1981, daß er in den letzten dreißig Jahren „seinem Gründungsauftrag in hohem Maße gerecht geworden" sei. Der Turn- und Sportverein, zu dem sich 1957 die seit 1924 getrennten Vereine wieder zusammengeschlossen hatten, entwickelte sich außerordentlich; 1948 zählte er 280 Mitglieder, 30 Jahre später 1300. 1962 erhielt er eine neue Turnhalle am Lodererplatz, 1973/75 ein neues Vereinsheim. Besonders erfolgreich war die Leichtathletikabteilung, aber auch Fußball, Gewichtheben und Ringen fehlten nicht. 1957 entstand auch ein Tennisklub.

Außerordentlich entfaltete sich das Erdinger Musikleben. Der Initiative der Musikfreunde, vor allem Joseph Rubenbergers und Sebastian Hupfers, war die neue Blüte des Kirchenchors und der Liedertafel zu danken. 1959 kam es zur Gründung des Erdinger Kammerorchesters und des Christ-Quartetts. 1955 wurde auch die evangeli-

Das Hallenbad nach Umbau und Erweiterung, 1996

Die Kreismusikschule, 1995

sche Kantorei Erding ins Leben gerufen, die mit großen Konzerten unter Leitung des Kirchenmusikdirektors Karl Doll an die Öffentlichkeit trat. Um die Wiederbelebung der Volksmusik und des Volkstanzes bemühte sich seit 1953 der Trachtenverein als Untergruppe des Isengaues. 1971 wurde die Kreismusikschule Erding gegründet, die einen ungeahnten Aufschwung der Volksmusik bewirkte. Das 1959 gegründete, von Fritz Bauschmid und Emil Vinzenz geleitete Erdinger Kammerorchester, das sich durch vielbesuchte Konzerte empfahl, erhielt 1979 den ersten Kulturpreis des Landkreises. Weit über Erding hinaus angesehen sind die von Sebastian Hupfer 1966 angeregten und durchgeführten, vom Pfarr-Cäcilienverein getragenen Erdinger Orgelwochen, bei denen namhafte Künstler mitwirkten, unter anderem Prof. Karl Richter. Sebastian Hupfer und Karl Doll erhielten 1980 den Kulturpreis des Landkreises.

Lebendigen Ausdruck fand das Wirken so vielfältiger Gruppierungen und Persönlichkeiten des kulturellen Lebens auch in jahraus, jahrein reichbewegten Festprogrammen der immer schon festfreudigen Stadt Erding. Eine Chronik dieser Feste muß noch geschrieben werden. Einen Höhepunkt stellte zweifellos das Jubiläum der 750jährigen Stadt Erding 1978 dar, jenes Jahr, in dem auch das heutige Antlitz der Stadt seine wohl endgültige Form gefunden hat.

Das neue Erding

Die Geschichte war stets der überraschendsten Wandlungen fähig; sie schreitet nicht nur geradlinig in eine sorgfältig erkundete Zukunft weiter, bisweilen kehrt sie auch einfach wieder um. So geschah es auch mit der Geschichte Erdings. 1972 schloß sich der Kreis erneut, der bereits um 500 geschlossen schien: Die große Flur der Bajuwarensiedlung Ardeoingas, die um 1228 zertrennt worden war, wurde wieder zur Einheit, die nur noch ein einziges Gemeinwesen umschloß, die neue Stadt Erding.

Als im Sommer 1972 die erste Stufe der Gemeindegebietsreform abgeschlossen war, wurden die Gemeinden Altenerding und Langengeisling noch unter den nunmehr 35 Gemeinden des Landkreises als selbständige kommunale Körperschaften aufgeführt; beim endgültigen Abschluß der Reform am 1. Mai 1978 erscheint unter den jetzt 26 Gemeinden nur mehr die Stadt Erding, der Zusammenschluß mit Altenerding und Langengeisling war perfekt. Bis zu diesem Zeitpunkt war in dieser Hinsicht nichts Einschneidendes geschehen, außer vielleicht 1938 die Eingemeindung der Ortschaft Siglfing; durch Schule und Kirche stand Siglfing aber im Grunde längst in enger Lebensgemeinschaft mit der Stadt. Seit 1900 waren sonst nur geringe Flächen zum Stadtgebiet geschlagen worden: 1901 das Areal um das spätere Landgestüt und das Gelände des Altersheims der Fischer'schen Stiftung; 1902 das Gelände um St. Paul und die sogenannten Sommerkeller, der Emplkeller und der Ferstlkeller; 1909 das Areal des städtischen Schwimmbads; 1917 das Gelände der Kreisgeflügelanstalt am Rotkreuzberg; 1924 der Stadtpark mit Hl. Blut und dem Gebiet südlich des Bahnhofs; 1958 die Wohnsiedlung am Flugplatz; 1963 Gebietsteile von Altenerding für die Ostumgehung der Stadt. In den Jahren des Wirtschaftsaufschwungs, als sich Altenerding ebenfalls zum städtischen Gewerbestandort entwickelte, wurde 1969/70 eine kommunale Arbeitsgemeinschaft zwischen der Stadt und der mit 10 505 Einwohnern (1970) oder mit 10 876 (1978) gleichgroßen Gemeinde Altenerding gebildet, die außerdem durch die weitaus größere Gemeindeflur wesentlich günstigere Entwicklungsmöglichkeiten bot als die immer noch eingeengte Fläche der Stadt, deren Einwohnerzahl 1970 10 673 betrug. Als 1978 auch noch die Gemeinde Langengeisling mit 1918 Einwohnern zu Erding kam, war der zusammenhängende Wirtschaftsraum um Erding auch verwaltungsmäßig geschlossen. Die neue Organisationsform wurde durch Verordnung vom 12. April 1976 ermöglicht, abgeschlossen waren die Eingemeindungen am 1. Mai 1978. Die beteiligten Mandatsträger, deren jeweiliger Anteil am Gelingen des schwierigen Abschlusses noch zu ermitteln wäre, waren auf seiten der Stadt die Bürgermeister Alois Schießl, der 1977 starb, und Gerd Vogt, auf seiten Altenerdings Joseph Brenninger, Bürgermeister seit 1956, für Langengeisling Joseph Kaiser, Bürgermeister von 1946 bis 1952, wieder seit 1972. Beide wurden nach dem Abschluß der Eingemeindung zum Zweiten bzw. Dritten Bürgermeister der neuen Stadt Erding gewählt. Zweifellos waren aber auch der Landrat Simon Weinhuber von der Bayernpartei und sein aus Langengeisling stammender Stellvertreter Hans Zehetmair von der CSU, die im Kreistag 28 Sitze von 60 innehatte, maßgeblich beteiligt; außerdem kann Zehetmairs Einfluß als Landtagsabgeordneter seit 1974, gewählt mit 74,2 Prozent der Wähler, überhaupt nicht hoch genug eingeschätzt werden. Als Zehetmair vollends 1978 mit 93 Prozent der Stimmen zum Landrat gewählt wurde, während Jakob Mittermaier von der CSU den Wahlkreis im Landtag vertrat, waren ernsthafte Hindernisse nicht mehr zu befürchten. Hans Zehetmair gibt auch im Landkreisbuch von 1985 die einleuchtende Begründung für den Gesamtvorgang. Er weist hin auf den „technischen Fortschritt in allen Bereichen der Wirtschaft", der „zu rapiden Änderungen, Konzentrationen und Rationalisierungen" führe, und auf das daraus resultierende Erfordernis, „leistungsfähige Gemeinden und Verwaltungsgemeinschaften" im Interesse „wirkungsvoller Selbstverwaltung" zu schaffen, wobei die „jahrelange Verflechtung in den Einrichtungen der Ver- und Entsorgung, ein gemeinsamer Flächennutzungsplan und das gegenseitige Korrespondieren der Struktur- und Infrastruktureinrichtungen von Erding mit dem Siedlungsangebot von Altenerding" ohnedies längst zu einer immer stärkeren Verschmelzung geführt hätten.

Mit dem Pfarrdorf Altenerding mit 3222 Einwohnern wurden 1972 folgende Ortschaften, die zur Gemeinde Altenerding gehörten, eingemeindet (in Klammern steht die jeweilige, nicht in allen Publikationen übereinstimmende Einwohnerzahl von 1970/1972): Ammersdorf (61), Aufhausen (179), Bergham (336), der Weiler Graß (24), das Kirchdorf Indorf (73), das Kirchdorf Itzling (52), die Einöde Kiefing (16), das Kirchdorf Klettham (3209), der Weiler Neuhausen (16), das Kirchdorf Pretzen (187), die Einöde Straß (8), der Weiler Voggenöd (28), der Weiler Werndlfing (19) und der Weiler Ziegelstatt (49).

Altenerding war zur Zeit der Eingemeindung tatsächlich längst kein schlichtes Bauerndorf mehr. Die große Gemeindeflur ließ keine Raumnot aufkommen und ermöglichte eine rege private und kommunale Bautätigkeit. Besonders der Ausbau des Schulwesens, das mit der ständig wachsenden Bevölkerungszahl das dringendste Desiderat war, lag der Gemeinde am Herzen. Altenerding und Klettham, das seine Ein-

Das apokalyptische Lamm in der Pfarrkirche St. Vinzenz in Klettham (Mosaik von Fr. Benedikt Schmitz)

wohnerzahl seit 1925 verzehnfacht hatte, errichteten bereits 1960 bis 1970 ihre Kindergärten, 1962 eine katholische und eine evangelische Volksschule, 1963 und 1973 neue Grundschulen und eine Hauptschule. 1957 wurde ein neues Rathaus errichtet; Straßenbau, Ortskanalisation, der Ausbau der Wasserversorgung, aber auch die Anlage von Sportplätzen gehörten in das Bauprogramm der Jahrzehnte seit 1950. Neue Siedlungen entstanden auf dem Kletthamer Feld, mit der Friedrich-Fischer-Siedlung, dort entstanden aber auch Bundeswehrbauten. Am Fuchsberg und in Richtung Pretzen wurde ebenfalls gebaut: Industriesiedlungen, unter anderem die Bartholit-Werke und drei Elektrowerke, bestimmten das neue Bild der Gemeinde. Klettham erhielt auch neue Kirchen, eine evangelische und eine katholische, die zugleich das Zentrum einer neuen Pfarrei wurden. In diesem Zusammenhang trat auch 1965 der Singkreis St. Vinzenz unter der Leitung von Leo Grüner ins Leben. Schon 1959 war der Gesangverein Altenerding begründet worden. Auch durch seinen leistungsstarken Sportverein war Altenerding weithin bekannt geworden.

Die Gemeinde Altenerding trat also in die neue Verbindung nicht mit leeren Händen ein. Das gilt auch für die Gemeinde Langengeisling, die 1963 1840 Einwohner zählte, 1978 1938. Auch hier war 1973 ein neuer Sportplatz mit Vereinshaus entstanden, 1961 bereits der Neubau der Schulanlage mit einer Turnhalle, zehn Jahre später ein neuer Kindergarten. Zum Modernisierungsprozeß gehörten auch der Ausbau der Feuerwehr, Regulierungsarbeiten an der Sempt, der Bau einer Gemeindewaage, Straßen- und Brückenbau, die Ausweisung neuer Siedlungen. Der rein ländliche Charakter Langengeislings war schon nach dem Bau des Fliegerhorsts entscheidend geändert worden, damals ging die Hälfte der Gründe verloren. 1978 hatte das Kirchdorf Langengeisling etwa 1350 Einwohner, um 1900 waren es noch etwa 700 gewesen. Zur

Gemeinde gehörten die Ortschaften Altham mit 112 Einwohnern, Eichenkofen mit 330 (nur wenige Jahre zuvor waren es noch 250) und Kehr, das zur Pfarrei Erding gekommen und ebenfalls durch den Flugplatz als Wohngebiet attraktiv geworden war, mit 129 Einwohnern. Mit diesem Zuwachs an Einwohnern näherte sich die Bevölkerungszahl der neuen Stadt Erding der Zahl 22000. Damit war die Stadt zu einem echten Mittelzentrum geworden, mit lebenskräftiger Infrastruktur und beträchtlicher Ausstrahlung nach außen, nicht zuletzt als Sitz wichtiger Ämter, mit Amtsgericht, Landwirtschaftsamt, Arbeitsamt, Finanzamt, Vermessungsamt, Gesundheitsamt, Justizvollzugsanstalt, Landratsamt, Notariat, Polizeidirektion, Schulamt und Veterinäramt. Durch den Bau des Großflughafens im Erdinger Moos zeichneten sich weitere tiefgreifende Veränderungen ab. Die Auswirkungen der Umwandlung Erdings in einen modernen Zentralort, deren Grundlage die Eingemeindungen der Jahre 1972 und 1978 gewesen waren, waren beträchtlich, auf vielen Gebieten, vor allem im Bereich der Schulpolitik, der Industrie, aber auch des Freizeitverhaltens, besonders im Hinblick auf die Sportanlagen. Endlich gab es Raum für großzügig angefaßte Gemeinschaftsaufgaben. Besonders das Gesundheitswesen und die Fürsorge für alte Mitbürger standen im Vordergrund des kommunalen Interesses; der Landkreis verschloß sich der Mitwirkung nicht. Das größte Unternehmen, das 1973 in Angriff genommen und 1976 abgeschlossen wurde, war der Neubau des Kreiskrankenhauses in Klettham. Es war angelegt für 378 Betten, das Pflegepersonal umfaßte 174 Personen, 43 Ärzte waren für eine ganze Reihe modern ausgestatteter Abteilungen zuständig, neben Innerer Medizin und Chirurgischer Abteilung auch für Gynäkologie, Radiologie, Hals-, Nasen- und Ohren, Augenheilkunde und Orthopädie. Das alte Krankenhaus stand jetzt für den Neubau des Landratsamtes, das für seine Aufgaben zu klein geworden war, zur Verfügung. 1972 wurde auch eine Erweiterung und Modernisierung des Altersheims der Fischer'schen Wohltätigkeits-Stiftung möglich, die jetzt 110 Plätze aufwies; zusammen mit dem städtischen Heilig-Geist-Altersheim standen damit 214 Plätze für alte Bürger zu Verfügung. Erwähnt seien auch neben anderen öffentlichen Bauvorhaben die Erweiterung der Sportplätze in Altenerding und Erding. Außerordentlich großzügig wurde vor allem der Ausbau des Schulwesens gefördert. 1980 gab es drei Kindergärten mit 380 Plätzen. 1975 wurde die Grund- und

Die Pauli-Mühle in Altham (Zeichnung von Anton Beil)

Das Kreiskrankenhaus, 1973

Anheimelnde Gastlichkeit – der Weißbräu

Hauptschule am Lodererplatz erweitert; die Grundschule bot für 327 Schüler Platz, die Hauptschule für 793, auch für Kinder aus anderen Gemeinden des Landkreises. Die Grundschule am Grünen Markt, mit 346 Schülern, wurde 1980 umgebaut. 1980/82 war eine Erweiterung der Berufsschule an der Freisinger Straße notwendig, sie nahm jetzt 2476 Schüler auf. 1980/81 wurde der Bau der Schule für Lernbehinderte in Angriff genommen, 1981/82 auch Hauptschulklassen für italienische, türkische und jugoslawische Schüler in Erding und Klettham eingerichtet. Unaufhaltsam war auch der Andrang an Realschule und Gymnasium, das Schulzentrum in Hl. Blut kam seit 1985, mit der Erweiterung der Realschule für Knaben bis zu einer Kapazität von 500 Schülern und dem gleichzeitigen Ausbau des Gymnasiums, nicht mehr zur Ruhe. Das Gymnasium, jetzt unter der Trägerschaft des Landkreises, wies 1978 1150, 1980 1383 Schüler auf. Alle Schüler zusammengenommen zählt man in Erding weit über 4000.

In Fluß geraten war, durch den Zustrom von Flüchtlingen, aber auch durch den Personalbedarf des Fliegerhorsts, die demographische Entwicklung der evangelischen Kirche. 1958 zählte man ca. 2200 evangelische Christen in Erding, Ende 1980 bereits an die 4500. 1963 bereits war in Klettham die Erlöserkirche errichtet worden, 1978 kam im südlichen Wohngebiet Altenerdings ein Pfarrhaus mit Gemeinderäumen dazu. Die 1935 nach Hl. Blut gerufenen Kapuziner übergaben ihr Kloster 1982 an die Missionare vom Heiligen Geist, eine mexikanische Kongregation. Die Barmherzigen Schwestern, die seit fast einem Jahrhundert Krankenhaus und Josephi-Anstalt betreut hatten, schieden 1973 aus.

Der reale Boden für kostenträchtige Unternehmungen auch im kulturellen Bereich war und ist eine florierende Wirtschaft. Dieser Sektor bedürfte noch der eingehenden Untersuchung, so wichtig er auch ist. Einen Hinweis auf das vermutete Wachstum kann man der Bilanzsumme der Sparkasse zu dieser Zeit entnehmen, die bei ca. 59 000 Kundenkonten und Spareinlagen von 210 Millionen DM auf 230 Millionen DM kam. Seit den sechziger Jahren war die Entwicklung nicht mehr zum Stillstand gekommen, neue Impulse kamen durch den Anschluß an die S-Bahn 1972 und durch die Intensivierung der Wirtschaftsverflechtung mit der Eingemeindung von 1972/78. Neue Gewerbegebiete im Süden und Nordwesten der Stadt wurden seither ausgewiesen, die Gesamtgewerbefläche stieg bis 1983 auf ca. 80 Hektar. Die Zusammenstellung der wirtschaftlichen Strukturmerkmale, die Josef Erhard bis 1976 vorlegt, führt zwölf Hotels, 26 Gaststätten und zehn Cafés auf; hoch ist auch die Zahl der Ärzte mit fünf praktischen und 19 Fachärzten, dazu kommen neun Zahnärzte und vier Apotheken. Die Stadt wies 18 Industriebetriebe auf, 182 Handwerksbetriebe und 207 Groß- und

Einzelhandelsgeschäfte, neben der Stadtsparkasse gibt es vier Banken in Erding. Der Bau des neuen Flughafens im Erdinger Moos schließlich gab weitere Anstöße zu nicht immer erfolgreicher Ausweitung der privaten Bautätigkeit. Auch interessante Projekte wie das „Amadeus" genannte elektronische Großunternehmen ließen sich im Großraum Erding nieder. Die große Sensation allerdings, der Aufstieg des Erdinger Weißbräuhauses zu europäischer Bedeutung in unseren Tagen, gründet in uralten Verhältnissen, fast möchte man sagen, dieser Erfolg ist für Erding besonders typisch. Immer war Erding, mit einem Regelbestand von sechs Brauereien, weit und breit die wichtigste Braustätte. Auch die Tradition des Erdinger Weißbiers reicht bis in den Beginn des 17. Jahrhunderts zurück, doch noch in den dreißiger Jahren war der Ausstoß an Hefeweißbier nicht sensationell. Seit 1982 gibt es die neue Großanlage im Industriegebiet an der Westumgehung, der Jahresausstoß betrug 1984 350 000 Hektoliter. 1990 wurde vom Stiftungsrat der Fischer'schen Stiftung die Fusion mit der Erdinger Stiftungsbrauerei genehmigt – was alte Erdinger Bürger nicht ohne Bedauern zur Kenntnis nehmen; wieder hat eine alteingesessene Erdinger Brauerei, die wenigstens bis ins 17. Jahrhundert zurückgeht, damit ihre Selbständigkeit eingebüßt. Sehr rege war auch, mit insgesamt 40 Vereinen, das gesellige Leben in Erding, für das unter anderem auch eine neue Stadthalle zur Verfügung steht.

Kunst und Wissenschaft: Persönlichkeiten der jüngsten Stadtgeschichte

Die wichtigsten Träger der Stadtentwicklung waren selbstverständlich die Bürger selbst, ihre politischen Repräsentanten, Führerpersönlichkeiten in Wirtschaft, Politik und im gesamten öffentlichen Leben, auch im Vereinsleben, auch in der Kirche.

Oben:
Stadthalle am
Alois-Schießl-Platz,
1984

Spannende Eishockeyspiele finden in der Eissporthalle statt

Nur wenige ragen freilich so aus der großen Zahl tüchtiger, vorwärtsdrängender und gestaltungskräftiger Persönlichkeiten einer Stadt heraus, daß sie – unter Vernachlässigung zahlloser anderer – besonders gewürdigt werden sollten. Die Männer, die für die Stadtpolitik im besonderen Maße Verantwortung getragen haben, wurden bereits genannt; doch sollte ein Name in diesem Zusammenhang wenigstens erwähnt werden, der nicht in Erding selbst als Politiker gewirkt, aber seiner Heimatstadt Ehre gemacht hat: Thomas Wimmer (1887–1964), seit 1948 Oberbürgermeister von München, Mitglied der Verfassunggebenden Landesversammlung, Inhaber des Großen Bundesverdienstkreuzes und des Bayerischen Verdienstordens. Hingewiesen wurde auch auf jene Persönlichkeiten im kirchlichen Bereich, die in den schweren Jahren von 1933 bis 1945 standhaft ihrer Überzeugung Ausdruck verliehen haben, allgemeines Vorbild, als Geistliche wie als Bürger. Nur noch bis an die Schwelle der Gegenwart hat Erding übrigens auch seinen alten Ruhm als Pflanzstätte geistlicher Berufe gewahrt; die Priester und Ordensleute, die in unserem Jahrhundert von Erding ausgingen, waren immer noch zahlreich, sie wirkten unter anderem als Stadtpfarrer in Landshut, Pfarrer in Niederding, Stadtpfarrer in Dorfen, Anton Maier ist Ruraldekan von Freising, P. Cletus Neumeier war Benediktiner in Schweiklberg, P. Gerhard Grandinger und der im Krieg gebliebene P. Honorat Schöberl Benediktiner in Schäftlarn.

Politiker müssen schon säkulare Erfolge aufweisen, müssen Grundsteine gelegt haben, auf denen noch die Enkel weiterbauen können, soll ihr Ruhm Generationen überdauern. Die Zeit schreitet rasch auch über Leistungen hinweg, die das Mittelmaß weit übersteigen. Kunstwerke aber ziehen noch nach Jahrhunderten Beschauer an; auch was in Literatur und Wissenschaft an die Nachwelt weitergegeben wird, hat oft lange Bestand. Da oft der heimatliche Wurzelboden großer Gestaltungen in Kunst, Literatur und Wissenschaft vergessen wird, muß wenigstens die Geschichte dieser Heimat solcher Söhne gedenken, die, weil die Geburtsstätte ihrer beengten Wirkungsmöglichkeit keinen Entfaltungsspielraum bot, in größerem Kreis Bedeutendes geschaffen haben. Wenn sie dabei ihre Heimat nie vergaßen, ist die Dankesschuld um so größer.

Das gilt vor allem von den beiden hochangesehenen Historikern, die Erding in der Neuzeit hervorgebracht hat, von Hans Dachs und von dem mehr als eine Generation jüngeren, frühvollendeten Volker Press. Hans Dachs (1886–1967) war Ehrenbürger seiner Heimatstadt und auch der Stätte seines langjährigen Wirkens, der Stadt Regensburg. Er wurde 1926 auf den Lehrstuhl für Geschichte an der Philosophisch-theologischen Hochschule Regensburg berufen; beiden Städten, die ihn so auszeichneten, hat er eine anziehende, für weite Kreise bestimmte Geschichtsdarstellung gewidmet, die jeweils viele Auflagen erlebte. 1961 hat er die Grundzüge der Geschichte seiner Heimatstadt Erding herausgearbeitet und überzeugend festgelegt. Seinen Nachruhm über die Grenzen Bayerns hinaus begründen seine Studien zur frühmittelalterlichen Herrschaftsstruktur Bayerns, in denen er nachwies, daß bereits die Grundlegung des agilolfingischen Herzogtums auf geordneten, staatsrechtlich definierbaren Fundamenten erfolgte, daß also nicht das Chaos der Völkerwanderung an den Anfängen Bayerns stand, sondern daß die agilolfingischen Herzöge als Rechtsnachfolger der römischen Herrscher in einer Kontinuität standen, die Dauer verbürgte. Wichtig waren auch seine Forschungen zur Adelsherrschaft im Donauraum zur gleichen Zeit, die bis heute als grundlegend gelten. Seine Vorarbeiten zu den Ortsnamen des Landkreises Erding bilden die Grundlage für das Erdinger Ortsnamensbuch, das die Kommission für Bayerische Landesgeschichte 1989 herausgab. Hans Dachs, das zeichnet ihn als Historiker besonders aus, wertete seine Wissenschaft stets als Mittel der Erziehung zu Heimatliebe und Ehrfurcht vor dem, was die Generationen vor uns geschaffen haben.

Volker Press (1939–1993) war in einen noch größeren Wirkungskreis hineingestellt, seine Kollegen erwarteten noch Großes von ihm. Den ausgeprägten historischen Sinn vermittelte ihm schon sein Vater Eugen Press, der als Herausgeber des Erdinger Anzeigers nicht nur das Tagesgeschehen dokumentieren wollte, sondern geistig tief in der Vergangenheit wurzelte. Seiner Initiative als Kreisheimatpfleger sind viele Publikationen zu danken, er hat auch selbst viele Beiträge zur Geschichte Erdings verfaßt. Vor allem auf die Notwendigkeit der wissenschaftlichen Erschließung des bajuwarischen Gräberfeldes in Klettham hat er hingewiesen. Sein Sohn, hervorgegangen aus dem Erdinger Gymnasium, studierte in München und promovierte als Schüler des seinerzeit berühmtesten deutschen Neuhistorikers Franz Schnabel über die frühneuzeitliche Geschichte der Pfalz. Seine Dissertation machte solchen Eindruck, daß er bereits vor seiner Habilitation 1976 auf den Lehrstuhl für Neuere Geschichte an der Universität Gießen berufen wurde. Dort bereits trat er mit großem Anspruch hervor, die von ihm mitbegründete und mit herausgegebene „Zeitschrift für Historische Forschung" erlangte in kurzem bestimmenden Einfluß in Deutschland. 1980 wurde er an die Universität Tübingen berufen, kurz vor seinem Tod erreichte ihn die Nachricht von seiner Berufung zum Direktor des renommierten Instituts für Europäische Geschichte in Mainz. Seine Forschungen galten vor allem der Reichspolitik und der Struktur des Deutschen Reiches im 17. und 18. Jahrhundert, besonders der mittleren Territorien, vor allem Bayerns und der Pfalz, und der Reichsritterschaft in Franken und Schwaben. Seine Ergebnisse faßte er 1991 in einem Standardwerk zur Reichsgeschichte des 17. Jahrhunderts zusammen, das in der von ihm mit herausgegebenen Reihe „Neue deutsche Ge-

Bürgermeister Friedrich Herbig (Porträt von Hiasl Maier-Erding, um 1928)

schichte" im Beck Verlag München erschien. Auch die Geschichte Erdings dankt ihm grundlegende Forschungen zur sozialen, verfassungsrechtlichen und wirtschaftlichen Entwicklung in der frühen Neuzeit. Er hatte die Absicht, eine umfassende Geschichte seiner Heimatstadt zu schreiben, der Tod nahm ihm zu früh die Feder aus der Hand. Um die Geschichte Erdings, besonders im Hinblick auf die Bedeutung der Bartholomäer, hat sich auch der langjährige Pfarrer von Rappoldskirchen, zuletzt Spiritual im Erdinger Armenhaus, Johann N. Kießlinger, verdient gemacht.

Daß die aus Erding hervorgegangenen Historiker ihrer Heimat so viel geschenkt haben, liegt sicher daran, daß diese Heimat selbst, die Stadt, die Menschen, so anziehend war – und immer noch ist. Daß damit nicht zuviel gesagt ist, zeigen uns die Maler, die in jüngerer Zeit in Erding großgeworden sind. Weder Hiasl Maier (1894–1933) noch Franz Xaver Stahl (1901–1977) waren aus einer einheimischen Künstlertradition hervorgegangen, wie sie etwa in Dachau bereits zu Beginn unseres Jahrhunderts bestand. Beide mußten sich ihren

119

Pferd und Kühe auf der Weide im Erdinger Moos (Gemälde von Franz Xaver Stahl, etwa 1960/1970)

Weg selbst bahnen. Hiasl Maier sollte, so wollte es sein Vater, der Maier-Wirt, Bäcker werden; schließlich gab der Vater aber dem Drängen des Sohnes nach und schickte ihn zum Dekorationsmaler Schöberl nach Prien in die Lehre. Hiasl malte und malte, seine Begabung fiel auf; sein Bruder Franz drängte ihn schließlich, sich in München weiterzubilden. In Kürze machten ihn Ausstellungen in aller Welt bekannt, 1918 wurde er als Hofmaler nach Amsterdam eingeladen, er porträtierte Prinzen und hochgestellte Persönlichkeiten, Ehrungen blieben nicht aus. Es zog ihn aber zurück in die Heimat. Seit 1920 malte er abwechselnd in Erding und am Chiemsee, in Freundschaft mit dem großen Chiemsee-Maler Josef Wopfner verbunden, der ihn auch künstlerisch tief beeinflußte. Hiasl Maier-Erding, wie er sich nannte, gehört zu den Chiemsee-Malern, als deren bedeutendster Exponent er neben Wopfner gilt, er gehört aber nicht weniger zu Erding. Die Gestalt seiner Heimat, wie sie in den ersten zwanzig Jahren dieses Jahrhunderts aussah, sehen wir mit seinen Augen; er hat dieser seiner Heimat ein unverwechselbares Antlitz gegeben mit der Ansicht der Kirche von Altenerding, dem schönsten Erinnerungsbild an das Haager Tor mit dem Stadtturm im Hintergrund (1905), mit dem verträumten Bild von 1917 „Mein Geburtsort Erding" oder mit dem Gemälde von 1928, das die Lange Zeile im Festrausch der 700-Jahr-Feier zeigt. Auch mit seinen ausdrucksstarken Porträts, bei denen man die Verwandtschaft zu Wilhelm Leibl spürt, malte er ein Stück Heimat, seinen Vater, seinen Bruder, die Gäste in der heimatlichen Wirtsstube, Erdinger Bürgermeister, den Geheimrat Irl, den verehrten Kronprinzen, Kardinal Faulhaber. Von seinen Landschaftsbildern ist wohl das berühmteste „Die Fraueninsel" (um 1925). Das „Priener Brautpaar" (von

1916), ein Doppelporträt von geradezu abgründigem Realismus, fand Aufnahme in den Sammelband mit Meisterwerken süddeutscher Malerei aus dem bayerischen Hochland.

Franz Xaver Stahl ging in die Geschichte der Malerei ein als Tiermaler; er war aber mehr, auch wenn seine Tierbilder, vor allem seine Pferde, nicht leicht mehr übertroffen werden dürften. Er war der Sohn eines Erdinger Malermeisters, er war also sichtbar vorgeprägt, anders als Hiasl Maier; doch wie diesen schickte auch ihn sein Vater zunächst in die Lehre zu einem Dekorationsmaler, allerdings in Dachau. Auch hier bot die Umwelt Anregungen für Künstler in reichem Maß. Dachau hat ihn zweifellos so geformt, wie die Chiemsee-Maler ihre Mitglieder. 1922 trat Stahl in die Münchner Kunstakademie ein. Schon 1924 konnte er im Glaspalast ausstellen, 1925 kaufte der Staat zwei seiner Bilder, „Weide" und „Herde im Wald". 1927 erhielt er ein Reisestipendium nach Holland, seither lebte er als freier Künstler in Dachau. Berühmt machten ihn schon damals seine Tierbilder, die auf bedeutenden Ausstellungen zu sehen waren, aber erst 1941 übernahm er als Professor an der Münchner Akademie für bildende Künste die Tiermalklasse. 1945 verließ er München und kehrte in seine Heimatstadt zurück, hier schuf er seine großen Bilder, Landschaften von eindrucksvoller Lichtwirkung, etwa ein Gehöft im Moos in abendlicher Melancholie, und immer wieder Tiere, Kühe, geruhsam grasend, Ochsen im Gespann, Pferde, in stürmischer Bewegung beim nahenden Gewitter, in der Schmiede wartend, geduldig, kraftvoll auch in der ruhigen Beharrung. Selten sind seine Porträts, aber auch einfühlsam, so wie die „Dachauer Großmutter" (1930). Die Farbgebung ist stets gedämpft, ruhig und unaufdringlich, die Pinselführung streng und zuchtvoll, in den späten Bildern aber auch breit, fast heftig; der Realismus seiner frühen Phase, die starken holländischen Einfluß verrät, wandelt sich zu impressionistischer Verträumtheit. Bezeichnend dafür sind die Landschaften seit 1960 oder die jetzt in den Vordergrund tretenden Bilder aus dem „Hühnervolk". Auch in diesen Jahren aber behält er den milden Farbton seiner Frühzeit bei; immer wieder entstehen so Landschaften voller Melancholie, denen die Tiere erst Leben schenken. Die Erdinger Heimat kommt in seinem Œuvre in direkter Vorstellung nie vor, nur einige Male erscheinen Motive aus Wartenberg; Landschaften und Stadtansichten widmete er nur Dachau, seiner künstlerischen Heimat. Bilder von ihm hängen im Erdinger Rathaus, im Landratsamt, in der Münchner Städtischen Galerie, in der Neuen Pinakothek und im Wiener Kunsthistorischen Museum.

Franz Xaver Stahl kehrte noch in der Vollkraft seiner Jahre in die Heimat zurück, Benno Hauber (1924–1994), der jüngste der Erdinger Maler, die ihr Lebenswerk abgeschlossen haben, fand bereits in Erding sein Auskommen. 1982 erhielt er den Kulturpreis des Landkreises. Seine Stadtansichten prägten auf ihre Weise ebenfalls das Bild Erdings. Sie sind plakativer als jene von Hiasl Maier, er hat ja auch mit Werbeplakaten begonnen, mit Wandmalereien, mit denen er Fassaden und Giebelfelder dekorierte, Treppenhäuser, Fensterumrahmungen, Schulen und Bräustüberl. Von ihm stammen aber auch Entwürfe für Brunnen, so für den Brunnen am Schönen Turm, die im Stadtbild ihre Akzente setzen. Immer wieder malte er aber auch den Schönen Turm. Klassisches Format, im Stile Max Unolds, hat sein Panorama der Erdinger Türme – vom Schönen Turm bis St. Johann. Nennen sollte man wohl auch den Hausverwalter im Landratsamt, Sylvester Uhl (1877–1960), dessen liebevoll gestaltete Ansichten der Stadt gerade in ihrer Schlichtheit bezaubern; oder den Malermeister Anton Beil (1938–1984) mit seinen nicht weniger liebevoll, in präziser Zeich-

Blick vom Schrannenplatz auf den Schönen Turm

nung erfaßten Bauten der Stadt und des Erdinger Landes. Seine Heimatverbundenheit brachte der aus Erding stammende expressionistische Maler Albert Schiestl-Arding (1883–1937), der in Bremen und Worpswede wirkte, wenigstens in seinem Künstlernamen zum Ausdruck. In Bayern sind seine Arbeiten nahezu unbekannt. Auch die Erdinger Künstler unserer Tage tragen Namen von Klang. Magda Bittner-Simmet, die in der Akademie für bildende Kunst ihre Prägung erhielt und jetzt in Schwabing wohnt, schenkte uns Landschaften und Porträts mit leuchtenden Farben und kraftvollem Strich. Ausstellungen in Paris, Rom, Zürich, Bordeaux und München haben sie bekannt gemacht. Rudolf L. Reiter wieder gehört zu den wichtigsten Vertretern der „romantischen Moderne"; seine Themen entnahm er vor allem der heimatlichen Moorlandschaft, seine Ausstellungen führten ihn bis nach New York, Washington, Chicago, London und Paris. Man darf weiter mit ihm rechnen.

Eine große Stadt, auch eine groß gewordene, hat es viel schwerer als eine kleine, auch Heimat ihrer Bewohner zu sein – so wie es die Kleinstadt Erding noch für die Vorkriegsgeneration war. Es ist aber möglich; dazu bedarf es der bergenden Mitte, der Atmosphäre einer Gemeinschaft von Bürgern, die noch Eintracht und Zusammenwirken kennen, über Parteien und Interessengruppen hinweg, wo man noch Pflichten kennt und nicht nur auf Rechte pocht. Und die Mitte, auf die es ankommt, muß einem geistigen Prinzip verpflichtet sein; aller wirtschaftliche Aufschwung, ohne den eine Gemeinschaft nicht auskommt, schafft allein weder Heimatgefühl noch Gemeinsinn. Daß es in Erding daran, wohl bis zur Gegenwart, nie gefehlt hat, ist sicherlich auch das Verdienst bedeutender Lehrerpersönlichkeiten, von denen wenigstens zwei genannt werden sollen: Alois Ringler, der seinen Schülern die Schönheit der heimatlichen Landschaft und den Reichtum der Flora in Moos und Wald nahebrachte, und Josef Herz, der von 1918 bis 1939 Lehrer in Erding war, der auch als Stadtrat wirkte und viele Ehrenämter innehatte, sich aber vor allem um das Erdinger Stadtmuseum und durch seine Sorge für das Erdinger Stadtarchiv verdient gemacht hat. Auch er wurde 1959 Ehrenbürger Erdings, 1952 erhielt er das Bundesverdienstkreuz, nach seinem Tod 1954 wurde nach ihm eine Straße benannt. Heimatkundliche Schriften und ein Liederbüchlein, das er herausgab, tragen seinen Namen ebenfalls weiter. Männer wie ihn braucht eine Stadt, auch wenn sie in die Weite wächst. Kein Gemeinwesen wird groß ohne die prägende Kraft solcher Erzieherpersönlichkeiten.

Ausgewählte Literatur zur Stadtgeschichte

Die zahlreichen Urkundenwerke, in denen Dokumente zur Geschichte Erdings wiedergegeben werden, sind sowohl im Historischen Ortsnamenbuch Erding von Cornelia Baumann als auch im Historischen Atlas Erding von Susanne Herleth-Krentz aufgeführt. Nicht spezifiziert werden kann auch die Vielzahl wichtiger Beiträge zu Themen der Erdinger Geschichte in den beiden Landkreisbänden und in den Heften der Zeitschrift „Erdinger Land".

Fritz Aigner (o. J.)
Hiasl Maier-Erding, sein Leben und sein Werk. 1894–1933, Herausgegeben vom Markt Prien am Chiemsee und dem Landkreis Erding, Prien am Chiemsee.

Cornelia Baumann (1989)
Historisches Ortsnamenbuch von Bayern, Oberbayern Bd. 3: Altlandkreis Erding, München.

Wolfgang Johannes Bekh (1993)
Im Erdinger Land. Geschichte einer Heimat, Dachau.

Anton Beil (1984)
Erding und Umgebung. Zeichnungen und Skizzen 1980–1984.

Laetitia Boehm (Hrsg.) (1984)
Die Matrikel der Ludwig-Maximilians-Universität Ingolstadt-Landshut-München, I, München.

Georg Brenninger, Peter B. Steiner (Bearb.) (1986)
Gnadenstätten im Erdinger Land (Gnadenstätten im Erzbistum München und Freising 3), München/Zürich.

Hans Dachs (1924)
Römisch-germanische Zusammenhänge in der Besiedlung und den Verkehrswegen Altbaierns, in: Die ostbairischen Grenzmarken 13, S. 74–80, 100–106, 135–139.

Hans Dachs (1959)
Ältere Nachrichten über Aufhausen bei Erding, in: Zwischen Sempt und Isen 6, S. 3–10.

Hans und Karl Dachs (1961)
Erding. Das Werden einer Stadt, Erding.

Hans Dachs, Rudolf Fitz (1974)
Erding, in: Erich Keyser, Heinz Stoob (Hrsg.), Deutsches Städtebuch Bd. V/Teil 2: Bayerisches Städtebuch), Stuttgart, S. 175–181.

Georg Dehio, Ernst Gall (1952)
Handbuch der Deutschen Kunstdenkmäler, Oberbayern, München und Berlin.

Ilse Paula Dolinschek (1991)
Franz Xaver Stahl 1901–1977, Herausgegeben vom Landkreis Erding, Erding.

Georg Ferchl (1908/1910)
Bayerische Behörden und Beamte, 1550–1804, in: Oberbayerisches Archiv 53, S. 185–192, 210-221.

Günther Flohrschütz (1971)
Der Adel des Wartenberger Raums im 12. Jahrhundert, in: Zeitschrift für bayerische Landesgeschichte 34, S. 85–164, 462–511, 909, 911.

Günther Flohrschütz (1973)
Die Freisinger Dienstmannen im 12. Jahrhundert, in: Oberbayerisches Archiv 97, S. 32–339.

Günther Flohrschütz (1980)
Machtgrundlagen und Herrschaftpolitik der ersten Pfalzgrafen aus dem Haus Wittelsbach, in: Hubert Glaser (Hrsg.), Die Zeit der frühen Herzöge (Wittelsbach und Bayern I/1), Köln, S. 42–110.

Ingrid Heeg-Engelhart (1990)
Das älteste Bayerische Herzogsurbar (Quellen und Erörterungen zur Bayerischen Geschichte NF XXXVII), München.

Friedrich Herbig (1926)
Kurze Chronik der Stadt Erding, 2. Aufl., Erding.

Susanne Herleth-Krentz (1992)
Zur Geschichte der Reformation im Landgericht Erding, in: Egon J. Greipl u. a. (Hrsg.), Aus Bayerns Geschichte. Forschungen als Festgabe zum 70. Geburtstag von Andreas Kraus, St. Ottilien, S. 209–216.

Susanne Herleth-Krentz (1997)
Der Landkreis Erding (Historischer Atlas von Bayern 58), München.

Hans Heyn (1979)
Süddeutsche Malerei aus dem bayerischen Hochland, Rosenheim.

Carl A. Hoffmann (1997)
Landesherrliche Städte und Märkte im 17. und 18. Jahrhundert (Münchner Historische Studien, Abt. Bayerische Geschichte Bd. 16, hrsg. von Walter Ziegler), München.

Franz X. Kerer (1907)
Von der Steinzeit bis zur Gegenwart. Die Geschichte eines Bauerndorfes (Langengeisling) im Erdinger Gau, München.

Johann Nepomuk Kißlinger (1924)
Das Institut der Bartholomäer in der Erzdiözese München und Freising, in: J. Schlecht (Hrsg.), Festgabe zum zwölfhundertjährigen Jubiläum des hl. Korbinian, München.

Johann Nepomuk Kißlinger (1975)
Die Wallfahrt Heilig Blut in Erding, Erding.

Gerhard R. Koschade (1996)
Zwei Erdinger Rokokoaltäre für die Pfarrkirche St. Georg in Freising. Zur Konkurrenzsituation hochstiftisch Freisinger und kurfürstlich bayerischer Künstler und Kunsthandwerker, in: Amperland 32, S. 404–416.

Klaus Kratzsch (1980)
Wittelsbachische Gründungsstädte. Die frühen Stadtanlagen und ihre Entstehungsbedingungen, in: Hubert Glaser (Hrsg.), Die Zeit der frühen Herzöge I (Wittelsbach und Bayern I/1), Köln, S. 318 – 337.

Andreas Kraus (1978)
750 Jahre Erding, in: Bayern. Zeitschrift für das Leben in Bayern, 6. Jg./Nr. 2, S. 5 – 12.

Andreas Kraus (1979)
Die Herkunft der Bayern. Zu Neuerscheinungen des letzten Jahrzehnts, in: Beiträge zur Landesgeschichte Bayerisch-Schwabens 1, Augsburg, S. 27 – 46 (zu Erding S. 34 – 40).

Andreas Kraus (1980)
Das Herzogtum der Wittelsbacher: Die Grundlegung des Landes Bayern, in: Hubert Glaser (Hrsg.), Die Zeit der frühen Herzöge (Wittelsbach und Bayern I/1), Köln, S. 165 – 200.

Andreas Kraus (1983)
Geschichte Bayerns. Von den Anfängen bis zur Gegenwart, München.

Andreas Kraus (1993)
Probleme der bayerischen Staatskirchenpolitik 1750 – 1800, in: Harm Klueting (Hrsg.), Katholische Aufklärung – Aufklärung im katholischen Deutschland (Studien zum 18. Jahrhundert, Bd. 15), Hamburg (S. 129 ff. zu Eisenreich).

Kreisverein für Heimatschutz und Denkmalpflege Landkreis Erding e.V. (Hrsg.) (1977 – 1997)
Erdinger Land, 14 Hefte.

Bernd Küster (1997)
Albert Schiestl-Arding (1883–1937), Begleitband zur Ausstellung im Kallmann-Museum Ismaning, Wilhelmshaven.

Landkreis Erding (Hrsg.) (1963)
Im Zeichen des Pferdes. Ein Buch vom Landkreis Erding, Erding.

Landkreis Erding (Hrsg.) (1985)
Der Landkreis Erding – ein Überblick, Erding.

Landkreis Erding (Hrsg.) (1985)
Landkreis Erding. Land und Leute. Geschichte. Wirtschaft. Kultur, Erding.

Max Leitschuh (1970/1976)
Die Matrikel der Oberklassen des Wilhelmsgymnasiums in München, 4 Bde., München.

Heinrich Letzing (1995)
Die Geschichte des Bierbrauwesens der Wittelsbacher, Augsburg.

Wilhelm Liebhart (1980)
Die frühen Wittelsbacher als Städte- und Märktegründer in Bayern, in: Hubert Glaser (Hrsg.), Die Zeit der frühen Herzöge I (Wittelsbach und Bayern I/1), Köln, S. 307 – 317.

Hans Niedermayer (1985)
Pflugschar und Hakenkreuz. Erding im Dritten Reich, Kranzberg.

Hans Niedermayer (1993)
Erdinger Stadtführer, Erding.

Organisationskomitee 750 Jahre Stadt Erding (Hrsg.) (1980)
Stadt Erding. Chronik. Bilderbogen. Dokumente, 2. Aufl., Erding.

Harald Potempa (1991)
Getreideschrannen in Bayern. Anmerkungen zu einer städtischen Institution am Beispiel Erding, in: Oberbayerisches Archiv 115, S. 7 – 136.

Karl Riss (1969)
Der Schalk in der Richterstube. Eine Lebensbeschreibung des Erdinger Oberamtsrichters Johann Baptist Cantler (1822 – 1919), in: Zwischen Sempt und Isen, Sonderheft 13, Erding.

Walter Sage (1984)
Das Reihengräberfeld von Altenerding in Oberbayern (German. Denkmäler der Völkerwanderungszeit, XIV), 2 Teile, Berlin.

Wolfgang Schierl (1988)
Chronik von Altenerding, Erding.

Dietmar Schmitz (1993)
Ein Leben für Erding. Stadtschreiber Alois Mandl und seine Zeit, 1793 – 1863, Erding.

Georg Schwaiger (Hrsg.) (1984)
Das Erzbistum München und Freising in der Zeit der nationalsozialistischen Herrschaft, 2 Bde., München und Zürich.

Max Spindler (Hrsg.) (1969)
Bayerischer Geschichtsatlas, München.

Max Spindler, Andreas Kraus (Hrsg.) (2. und 3. Auflage, 1981 – 1997)
Handbuch der bayerischen Geschichte, 4 Bde., München.

Lorenz Westenrieder (1789)
Das Landgericht Erding, in: Beyträge zur vaterländischen Historie 2, München, S. 414 – 446.

Bernhard Zöpf (1856, ND 1976)
Historisch-topographische Beschreibung des kgl. Landgerichts Erding, Freising, ND Erding.

Bildnachweis

Aus: **Anton Beil. Erding und Umgebung. Zeichnungen und Skizzen 1980–1984, Erding 1984**
Seite 22, 28, 29, 31, 60 rechts, 115 oben

Bayerische Verwaltung der staatlichen Schlösser, Gärten und Seen, München
Seite 33 (Repro: Foto-Studio Bauersachs)

Bayerisches Hauptstaatsarchiv, München
Vorsatz (Plansammlung 11127)

Bayerisches Landesvermessungsamt, München
Seite 5, 80, Nachsatz

Foto-Studio Bauersachs, Erding
Seite 12, 111, 112, 115 unten, 117 oben

Gerhard R. Koschade, Erding
Seite 14, 27, 30, 37, 38, 44 unten, 45, 46, 47, 48, 49 oben, 50, 51, 52, 53, 61, 62, 70, 114, 116, 117 unten, 122

Marianne Kraus, Erding
Seite 108 (Repro: Foto-Studio Bauersachs)

Münchner Stadtmuseum
Seite 66

Prähistorische Staatssammlung München
Seite 15

Privatbesitz
Seite 120 (aus: Ilse Paula Dolinschek, Franz Xaver Stahl 1901–1977, Herausgegeben vom Landkreis Erding, Erding [1991])

Mathilde Schabenberger, Erding
Seite 44 oben (Foto: Schabenberger)

Städtisches Heimatmuseum Erding
Schutzumschlag, Seite 20, 24, 35, 39, 40, 41, 49 unten, 55, 56, 57, 58 oben, 59, 60 links, 65, 74, 77, 82, 83, 84, 86, 89, 91, 94, 95, 99, 103, 104, 109 (Foto Seite 41 von Gerhard R. Koschade, alle anderen Fotos: Foto-Studio Bauersachs)

Stadtverwaltung Erding
Seite 107 (Foto: Foto-Studio Bauersachs), 119 (aus: Fritz Aigner, Hiasl Maier-Erding, sein Leben und sein Werk. 1894–1933, Herausgegeben vom Markt Prien am Chiemsee und dem Landkreis Erding, Prien am Chiemsee [1982/83])

Helmut Szill, Erding
Seite 58 unten (Foto: Foto-Studio Bauersachs)

Der Autor

Andreas Kraus wurde am 5. März 1922 in Erding geboren, besuchte bis 1933 die Volksschule Erding, dann das Progymnasium der Benediktiner St. Ottilien und studierte nach dem Abitur am Humanistischen Gymnasium Dillingen 1941 und vierjährigem Kriegsdienst von 1946 bis 1949 an der Universität München Geschichte, Latein, Griechisch und Philosophie. Nach dem Staatsexamen für das Höhere Lehramt 1948/49 trat er in den höheren Schuldienst ein und war tätig an den Gymnasien St. Ottilien, Weilheim und München-Pasing. 1952 promovierte er an der Universität München bei Max Spindler mit dem Thema „Roman Zirngibl von St. Emmeram in Regensburg. Ein Historiker der Alten Akademie" und habilitierte sich nach einem zweijährigen Studienaufenthalt in Rom 1960 an der Universität München mit dem Thema „Die Bedeutung der deutschen Akademien für die Entwicklung der Geschichtswissenschaft im späten 18. Jahrhundert" für Mittlere und Neuere Geschichte. 1961 wurde er an die Philosophisch-Theologische Hochschule Regensburg berufen, 1967 an die Universität Regensburg, 1977 übernahm er den Lehrstuhl für Bayerische Geschichte an der Universität München, 1989 wurde er emeritiert. Er ist Mitglied mehrerer in- und ausländischer Historischer Kommissionen, u. a. seit 1966 Mitglied, 1979–1993 1. Vorsitzender der Kommission für bayerische Landesgeschichte bei der Bayerischen Akademie der Wissenschaften, deren ordentliches Mitglied er seit 1971 ist. Seit 1972 ist er Mitglied der Bayerischen Benediktinerakademie. 1983 wurde ihm der Bayerische Verdienstorden verliehen, 1991 das Bundesverdienstkreuz I. Klasse. 1995 ernannte ihn Papst Johannes Paul II zum Komtur des Gregorius-Ordens.

Sein Hauptarbeitsgebiet ist die Bayerische Geschichte von den Anfängen bis zur Gegenwart, ebenfalls die Geschichte der europäischen Historiographie der Neuzeit und die Geschichte der Römischen Kurie im 17. Jahrhundert. Er ist Autor zahlreicher Bücher, Zeitschriftenaufsätze und Beiträge zu Sammelwerken sowie Herausgeber des von Max Spindler begründeten Handbuchs der Bayerischen Geschichte Bd. II/III (1988/1997) und Schriftleiter der von der Kommission für bayerische Landesgeschichte herausgegebenen Zeitschrift für bayerische Landesgeschichte.

Baiern.